新エバンジェリスト養成講座

Tips for Presentation

西脇資哲

Photo by Usuyama Kikuko

Introduction

エバンジェリストという仕事

みなさん、こんにちは。エバンジェリストの西脇資哲と申します。まずは、本書を手に取っていただき、ありがとうございます。

エバンジェリストというのは日本語に直訳しますと「伝道師」。人にものを伝える仕事です。いろんなところで見るようになりました。私は箱根の由緒あるホテルでエバンジェリストに会ったことがあります。高齢ですが威厳のある、白髪の紳士でした。箱根のホテルのエバンジェリストとして、とても流暢にそのホテルの歴史や、宿泊した著名人の話、温泉の話、泉質の話などを披露してくださいました。彼の名刺には「エバンジェリスト」としっかり書かれていました。彼は、箱根という地、そしてそこにあるホテルの魅力を伝えるという役割を担う人だったのです。相手に魅力を伝えて、ぜひ箱根にまた訪れてくださいという活動をしている人だったのです。

こんな風に、エバンジェリストという職業は、観光地にも見受けられるようになりました。もともと、ＩＴ業界には比較的多いのですが、最近では金融業界でも見かけるようになりました。まだメジャーとは言えないかもしれませんが、しばしば見かけるようになってきたというのが、このエバンジェリストという職業です。

副業から複業へ

私は日本マイクロソフトという会社で働いていますが、この「エバンジェリスト養成講座」はマイクロソフトとしての仕事ではありません。私はこれをフクギョウ、と呼んでいます。フクギョウといえば副業？　隠れてやっているの？　会社で認められているの？……いろいろ気になりますよね。

副業というのは、メインの仕事があるということです。メインがあってサブがある。サブとして、もう一つのお仕事がありますよ、と。副業と言えば、そういうことです。

でも今はフクギョウって言ったときに「副業」とは書きません。働き方が多様化していって、労働環境が変わってきています。どういう漢字を使うのか。もうご存じの方もいらっしゃいますよね。「複業」と書くんです。

副業ではなく、複業。

つまり、複数のスキルを持ってそれを生業とするということなんですね。複数のスキルを使いこなして、複数の団体や組織、コミュニティで活動する。

複数のスキルを、世の中に対して、地域に対して、社会に対して、発揮することができれば、すごく価値があるじゃないですか。そこにさらに報酬がついてきたらもっといいじゃないですか。そういう考え方が複業です。なんでこういう考え方が生まれてくるかっていうと、これは雇用環境の大きな変化があります。

私も最初から複業をやっていたわけではありません。私が社会人になった二十数年前は、親には「一番最初に勤めた会社に定年までお世話になりなさい。そこでがんばって骨をうずめなさい」なんて言われたものです。要は一生、一社にずっと勤め

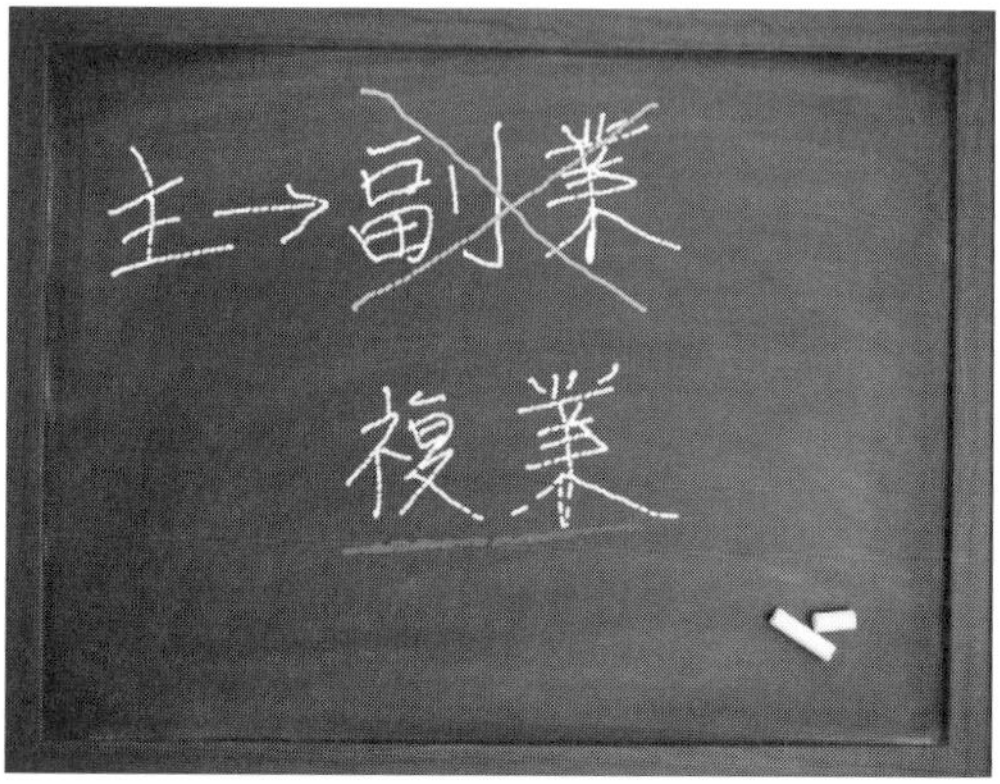

なさいと言われたんですね。でも今はどうでしょう？　そんな考え方は消えてしまいました。

では数年前はどんなことが言われていたか？「一生の間に、やっぱり5回くらいは転職して5つの会社や組織やコミュニティや団体に貢献しましょう」——そんな風に言われていました。でも今はちがうんですよ。今は「一度に5つ」なんです。

みなさん、いろんな能力を持っているはずです。それを一度に5つくらいの会社や組織やコミュニティや団体、いろんなところで実力を発揮することができる。

実は複業をやろうと思いますと、プレゼンテーションってものすごく重要です。自分をアピールする。自分の成果を相手に伝える。あるいは自分には何ができるかということを相手に説明する。いろんな活動をしていくうえでプレゼンテーションというのは非常に重要になってきているんです。その重要なプレゼンテーションを、しっかり学んでいっていただきたいと思います。

目次

Introduction

Chapter 1　プレゼンテーションって何？

Chapter 2　シナリオを作る

Chapter 3 スライド作成のヒント

Chapter 4 魅力ある話し方

複数手掛ける「複業」で
自分の能力を開拓しよう

Chapter 1

プレゼンテーションって何？

プレゼンテーションとは相手を動かす力

まず、「プレゼンテーションとは何なのか？」ということをおさらいしましょう。「プレゼンテーション＝相手に伝えること」ではありません。もっと厳密に言うならば、「相手に伝えることだけ」ではありません。

プレゼンテーションというのは、相手を動かすことです。相手を動かす力です。

たとえば、ひとりの女性が2人の男性に話をしています。彼女はパソコンもプロジェクターも使っていません。スケッチボードに文字や絵を描いて2人の男性に話をしています。彼女はプレゼンテーションをしているんですけど、決して話をするのが目的ではないんです。スケッチボードに描いた内容を見せるのが目的ではない。

数年前までは、プレゼンテーションというのは相手に伝える

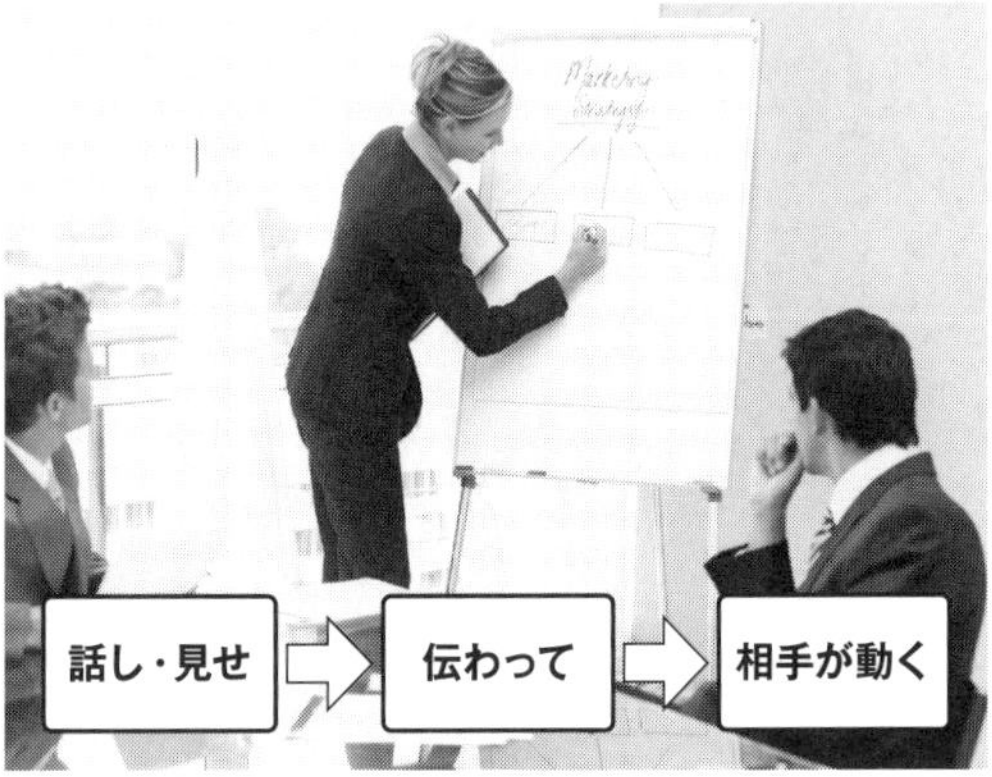
話し・見せ
伝わって
相手が動く

ことです、伝える力です、伝わったらいいんですよ、なんて言っていました。僕も言っていました。ですので、かつては伝えることが目的だったのですが……

今から切り替えてください。

プレゼンテーションの目的は話すことでもなければ、作った資料を見せることでもなければ、伝えることでもありません。相手を動かすことなのです。

話をしただけで相手を動かすことができるんです。ということは、相手が動かなければプレゼンテーションをやった意味がないということです。時間の無駄です。たとえば、商品の説明をしたら、買ってもらわなければだめなんです。お詫びに行ったら、許してもらわなきゃだめなんです。

今度は、パソコンやプロジェクターが出ていて、数十人くらいでしょうか、セミナー形式で男性が話しています。彼はパソコンを使ってパワーポイントのスライドを見せたり話したりし

話し・見せ
伝わって
相手が動く

ていますが、そのこと自体が目的ではありません。何かを伝えることでもない。もちろん伝わったかどうかも重要なのですが、**もっと重要なのは聞いてくれた相手が動くかどうか。**

プレゼンテーションの最大のゴールは、相手を動かすこと。

相手を動かすということをゴールにすることで何が変わるか。たとえばレビューが変わります。

話を上手にすることや資料をきれいに見せること、伝えることをゴールにすると、レビューはこんな風になります。

> ああ、これはちょっとスライドが多いな、この2枚のスライドを1枚にまとめて、最後の結論を前半に持ってきて、あと時間が20分しかないらしいから、ちょっと端折って前半を飛ばそうか……。

このように、レビューのポイントが、話をすることや見せる

プレゼンテーションとは？

自分の考えや意見、経験を 伝え、相手を動かす 能力

ことに終始してしまうんです。ところが、相手を動かすことをゴールにすると、レビューはこうなります。

ここはいい説明だけど、これじゃあ買ってもらえないな。この見積もりの後に、もうひとこと入れようよ。最後のひと押しで買ってもらえるようになるんじゃないかな。

資料を作ったり上手に話すことをゴールにすると、レビューはそこに終始しがちなんですが、本当にしなければならないのは、相手を動かすための資料作りやシナリオ作り、話し方や押しのひと声、殺し文句……そういうことを考えることです。

まずは、プレゼンテーションというのは相手を動かす力であるということをご理解いただければと思います。

「話」で人を動かすということは

- 「無関心」だった層を「関心」以上にさせる
- 「関心」だった層をより「協力者」に近づける
- そのためには
  - コンテンツ(つまり話の中身)も重要ではあるが・・・
  - **魅力ある話し方**(および、魅力ある話し方をする人)
  - **伝わりやすい**プレゼンテーション・コミュニケーション
  - **印象に残る**プレゼンテーション・コミュニケーション
  - 「+印象」を増やすことと同時に「**-印象を減らす**」

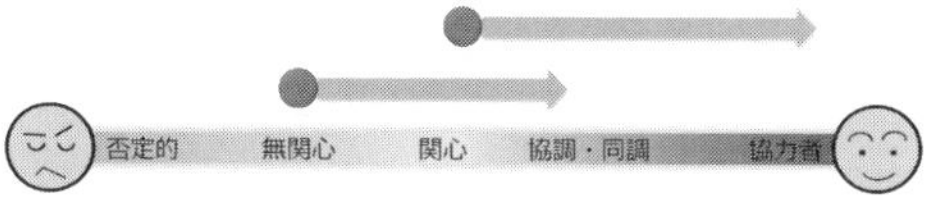

TEDのプレゼンテーション

私は現在、いろいろな企業さんにお邪魔してプレゼンテーションの研修をしています。大学でも教えています。さて、大学生に向けてプレゼンテーションの授業をやると、こんな話になるんです。

「こういう風にセミナー形式でしゃべったり、スケッチボードに絵を描いてプレゼンするんだよ」――そう言っても大学生たちは、いまいちピンと来ていない様子なんです。「ふーん、そう」なんていう感じで反応が鈍い。よくよく聞いてみると、「僕が考えているプレゼンテーションはこれじゃない」と。

プレゼンテーションといったときに、彼らがまず思い浮かべるのはＴＥＤなんです。あのＴＥＤのセンターサークルに立って華麗にプレゼンテーションをするんだって彼らは考えているわけです。プレゼンテーションというのは非常にきらびやかで輝いている場所で行なわれるものだと思っている。そこで目立って、みんなの注目を浴びる——それが、多くの大学生や若い世代が想像しているプレゼンテーションです。

もちろん、それが悪いということではありません。プレゼンテーション自体に注目が集まるのはいいことです。ただ、よくないことがひとつだけあります。それは**目的が失われる**んです。プレゼンテーションというのは、人前で見せてかっこよくするものではないです。

これはＴＥＤの東京版であるＴＥＤｘ ＴＯＫＹＯを主催しているパトリックさんも「プレゼンテーションが上手というだけでＴＥＤのセンターサークルに立つということはありえない」とおっしゃっています。

ＴＥＤのセンターサークルに立つのは、プレゼンテーションによって世の中や社会や関心のある人たちを大きく動かすことができる人、そんなメッセージ性のある人が採用されるんです。だから一見華やかなプレゼンテーションそのものがメインに見えるＴＥＤの目的も、本当はプレゼンテーションによって人を動かす、世界を動かすということなんですね。

だから私は学生に言うんです。「プレゼンテーションがうまくなるのも重要だけど、まずはその柔らかい頭でアイディアを出して、経験を積んで、世の中に認めてもらって……そういう流れの中のステップのひとつとして、プレゼンテーションを捉えてみようよ」と。

2013年には中高生を教えることになりました。非常に優秀な学校です。筑波大学附属駒場中・高校。スーパーサイエンススクールなんて呼ばれていて、東京大学進学者数のトップ10にランキングしている中高一貫の学校です。大学でもプレゼンテーションの授業があって、先進的な中高一貫校でもプレゼンテーションがあって……そんな時代なんですね。

そして2014年、ついに私は小学校で教えることになりました(笑)。小学校4年生ですよ。はっきり言って、クソガキです(笑)。ですが、小学4年生はすばらしい能力を発揮します。

私が小学校4年生にプレゼンテーションを教えることになったきっかけは『月刊　教職研修』という雑誌の取材記事がきっかけでした。ここ数年のうちに、IT業界だけではなく、さまざまなビジネス誌から取材依頼が来るようになりました。とにかく、プレゼンテーションに注目が集まってきて、さまざまな業種、業界であたりまえのように行なわれてるようになりました。

さて、プレゼンテーションは非常に重要になってきているということをお伝えしました。そしてプレゼンテーションの目的に対して、いったんリセットしていただきました。

次は、そんなプレゼンテーションがみなさんにとってどんな風に役に立つのか、そんな話をしたいと思います。

プレゼンテーション能力がダイレクトに出世につながる

２０１３年、日本経済新聞に私のことが紹介されました。私はエバンジェリストですからプレゼンテーションをわかりやすく伝えるのが仕事です。そういうことが重要になってきましたよと日本経済新聞は言っているのですが、ポイントは見出しです。「スキルアップ」と書かずに「キャリアアップ」と書いてあるんです。

つまり**プレゼンテーションのスキルを高めればキャリアがアップするよ、出世できるよ、といってるわけです。**昇進昇格ができる、給料が上がる。転職に有利になる、人生のキャリア形成において重要なものであると結論づけているんです。だから「キャリアアップ」という紙面でやりますよ、というわけです。そんな風にしてプレゼンテーションの重要性をぜひ理解していただきたいと思います。

私のように外資系に勤めていますとわかるんですが、出世するやつって英語が上手でプレゼンがうまいんですよね。なんだよ、この野郎、とか思いますけどね（笑）。まあ、それを逆手にとってください。英語もプレゼンも勉強すればいいじゃないですか。今からみなさんに横綱になれって言ってももう無理ですよね（笑）。でも英語とプレゼンを勉強して出世しようと思ったら、それはできるじゃないですか。

プレゼン力が特に求められるジャンル

私はＩＴ業界に長いことといいますがプレゼンの研修に行くのはＩＴ業界だけではありません。いろんな会社にお邪魔して、プレゼンの研修をしています。一番多いのは、金融です。銀行、証券、保険会社といったカテゴリに属する会社さんです。なぜ金融が多いのか。

理由は2つあります。だいたいみなさん想像つきますよね。製造業って従業員の構成でいくと、モノを作っている人、配送する人、在庫管理している人、修理をする人、営業する人……こういう人員構成です。ところが金融はモノを作らない。物流もない。修理もない。圧倒的に営業が多いんです。だからプレゼンテーションのトレーニングがものすごく行なわれています。これがひとつめの理由。

2つめの理由は、金融の会社さんが扱っている商品は無形商品ってやつなんですね。形がない。形があれば「どうですか、これ、このシェイプ、美しいデザイン」って言えますよね。形がないので、モノを見せるわけにいかない。「ご覧ください、この美しい定期預金！」って言って売れないじゃないですか。つまりプレゼンテーションというテクニックを使って相手を動かすしかないんですね。

他にも、国会議員の先生も指導しています。それから官公庁、先ほど申し上げました、学校もかなりお邪魔させていただいています。

化粧品を売る女性たちのプレゼン力

この中で少しだけ、ある業界についてお話しましょう。ある化粧品メーカーの話です。女性のみなさんだったら必ずご存じの大手化粧品メーカーでのお話です。

化粧品メーカーで化粧品を売っている女性。どこにいるかというとデパートや百貨店の一階、あるいは地下一階にいる女性たちです。私のようなむさくるしいおじさんはつい足早に通り過ぎてしまう（笑）、いい香りのする、あのきらびやかな売り場にいる女性たち――彼女たちは、ビューティーアドバイザー、略してＢＡと呼ばれていたりします。

すごいんですよ。あのＢＡさんたちは、売り場で歩いている人を捕まえて、座らせるでしょう。座らせて、化粧品を試させる。必要とあらば、お客さんのお化粧を全部落として、イチからメイクアップしなおしたりもするんです。そうして、最終的に、お客さんに化粧品を買ってもらう。これを30分1サイクルでやっているんです。すごい仕事です。それを一日、回しているんです。

普通は考えられない世界です。普通の商売だったら広告を出して、ＤＭを送って反応がよかったところに「オポチュニティ」とか「パイプライン」とか言って、営業が出向いて「製品に関心ありますか?」「納期はいつごろをお考えですか?」「じゃあ見積もり出しますね。」「値引きは?」「じゃあ買ってくださいね」── こういうサイクルで進めていくんですけど、化粧品のセールスの場合、非常に短期で素早く相手に買ってもらわなければなりません。つまり、早く相手を動かすためのプレゼンテーションスキルがいっぱいあるんです。

化粧品のセールスをしている人たちは、お客さんが来たときに、真っ先に荷物を見るそうです。だって荷物が少ない人のほうが持って帰ってくれそうですよね。雨が降っているかどうか、すごく気にします。だって雨用に梱包しなきゃいけないですから。髪が長いかどうか、肌が荒れているかどうか、どんなアクセサリーをつけているか、どこのブランドの服を着ているか、バッグは何か……すごく気になるんですよ。そうしたところを観察して、持って帰ってもらうための行動を考えているわけなんですね。

そこで使われている話をしましょう。化粧品の説明をします。化粧水をお勧めしているところです。では、私たちがふだんみかけるようなプレゼンテーションのスタイルで、ふつうに説明しますね。

こちらの化粧水は、透明のサラサラとした液体ですね。ボトルは白地にバラの花をあしらったデザインで高級感がありますね。香りもゴージャスなバラの香りです。フランスで製造されています。消費期限は2016年の9月30日、容量は555ミリリットルになります。ぜひ、手にとっていただいて、お気に召したらぜひ購入いただきたいと思っております。いかがですか？

今の話の中で、化粧品のセールスのシーンで絶対にやらないことがあるんです。絶対に言わない言葉。それは何か。

女性の方はお気づきになるかもしれません。見た目？　製造元？　実はある言葉なんです。それは何かと言いますと、５５５ミリリットル、とは言わないんですね。５５５ミリリットルというのは容量ですね。

化粧品業界では容量を言わずに用量を言います。つまり、３カ月分とか、10日分とか、２回分とか、そういう伝え方をするんです。容量は「仕様」であるのに対し、３カ月分というのは「体験」です。**プレゼンテーションは「体験」を伝えることなんです。**

紙に書いてある仕様や説明を伝えることではないのです。考えてみてください、５５５ミリリットルと言っても、相手の行動を後押しするようなセリフを受け取ったとは思われません。ところが、３カ月分と言われたら、「あ、だったら１本で十分

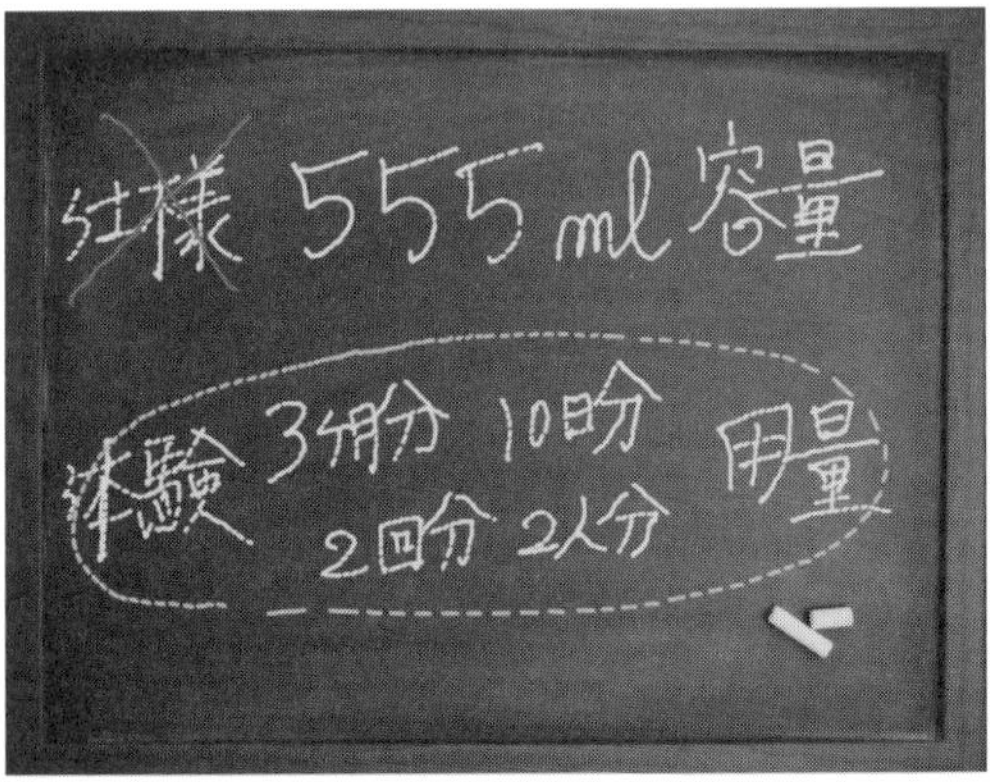

だわ」とか、10日といわれたら「来月までほしいから3本買っておこうか」と。つまり、**行動を後押しするためのセリフ**になるんです。555ミリリットルは知識を増やすための言葉。書いてあるので、見ればわかることです。**プレゼンテーションは体験を語り、相手の行動に結び付けることです。**

「仕様を語るな、体験を語れ」「製品を売るな、体験を売れ」と言われる根底には、こうした理由があるのです。

プレゼンテーション能力は年齢とともに衰える

学生を教えているうちに、私はあることに気が付きました。学生よりさらにさかのぼってみましょう。赤ちゃんです。

赤ちゃんはもっともプレゼンテーションスキルが高いです。なぜか？ 言葉を知らない、経験や知恵や知識も知らない、道具の使い方も知らない。そんな赤ちゃんのプレゼンテーションスキルがなぜ高いのか。

たとえば、この講座を行なっているこの会場の、今ここに、赤ちゃんがいるとします。赤ちゃんはギャンギャン泣いています。ミルクがほしいんでしょう。この会場には100人を超える受講生のみなさんがいます。そこへ哺乳瓶を持った保育士さんが入ってきます。哺乳瓶を持った保育士さんはどこに行くと思いますか? 間違いなく大泣きしている赤ちゃんのところへ行くでしょう。私がいくらここでパワポを駆使して「ミルクください! なぜなら、これこれこういう理由で必要なのです!」なんてプレゼンをしたって絶対に来てくれないです(笑)。真っ先に赤ちゃんのところへ行くでしょう。

相手を動かす力は赤ちゃんがもっとも強いのです。相手を動かすために赤ちゃんは足を動かします、手を動かします。大きく泣き、叫びます。顔を赤らめて力の限りギャーっと叫ぶ。そうすることで相手を動かそうとするんですね。つまり言語や知識、ツールではないんですよ。感情や声の大きさ、抑揚、身体

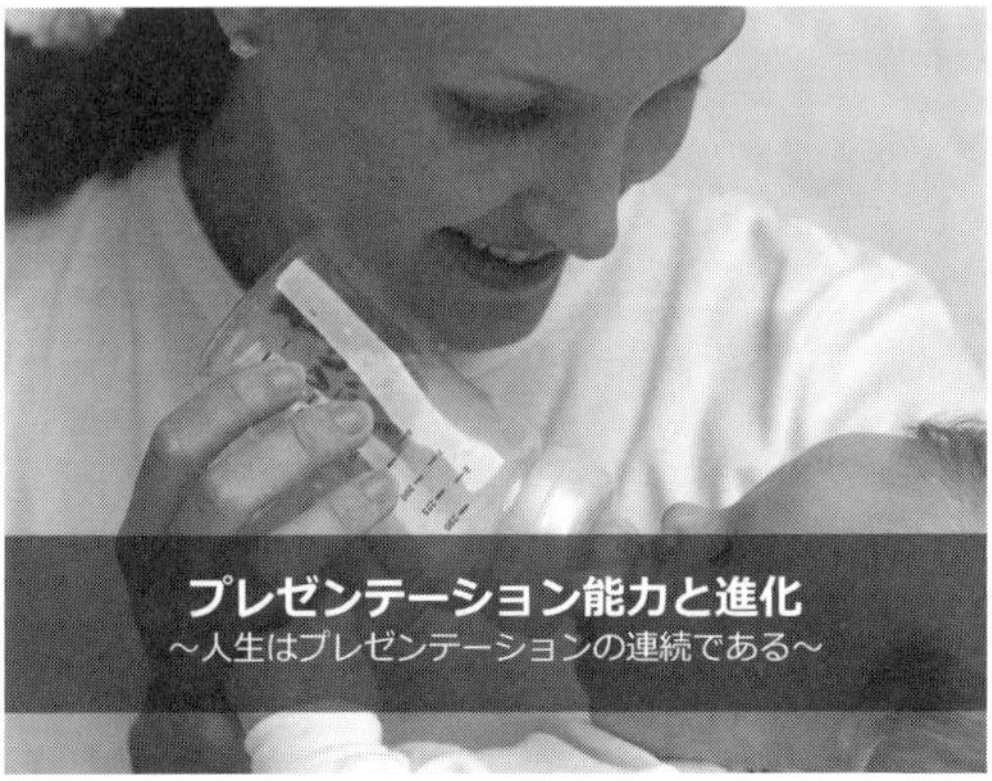
プレゼンテーション能力と進化
~人生はプレゼンテーションの連続である~

を使って、泣いたり叫んだり……そんな風にしてプレゼンテーションをやれば、相手が動くんですね。

……なんていうことを、ずっと言ってきたんですが、2014年の夏から言いにくくなりました。野々村竜太郎元議員による号泣会見のせいです（笑）。あれはあれで、すばらしいプレゼンテーション能力です。やはり大人がやると微妙だな、と思いましたが、まあよくも悪くも世の中を動かしたといえなくもないので、少しは成果があったのかもしれませんが、まあ、あまりよくないので、時事ネタなのでいずれ忘れられると思いますが、しばらくの間は言えなくなりました。

ただ、年齢とともにプレゼンテーションスキルが衰えていく可能性があるというのは本当の話なんです。このことに私が気づいたのは、あるとき、大学生、中高生、小学生に同じような質問をしてみたんです。

「みんな、いまこの授業は、建物の何階でやってる？」。

大学生の反応はこうです。「3階」。同じ質問を中学生にすると、「先生、3階です」。

ところが、小学校4年生は、「先生、3階です」と**指で3の数を作って高く腕を上げて教えてくれる**んです。指を使ったジェスチャーで教えてくれる。小学校4年生ですと、2割から3割はジェスチャーを使います。私は何も教えていないんですよ。自然なんです。

なるほど、と思い、他の質問もしてみます。「運動場はどこ?」大学生は「外」。中学生くらいだと、「階段下りて玄関を出たところですよ」とか言う。小学生は?「そこ!」って立ち上がって指を差すんです。

つまり**身体を動かして表現できている**んです。

ところが、年齢とともに言葉を覚えてきます。経験や知識も

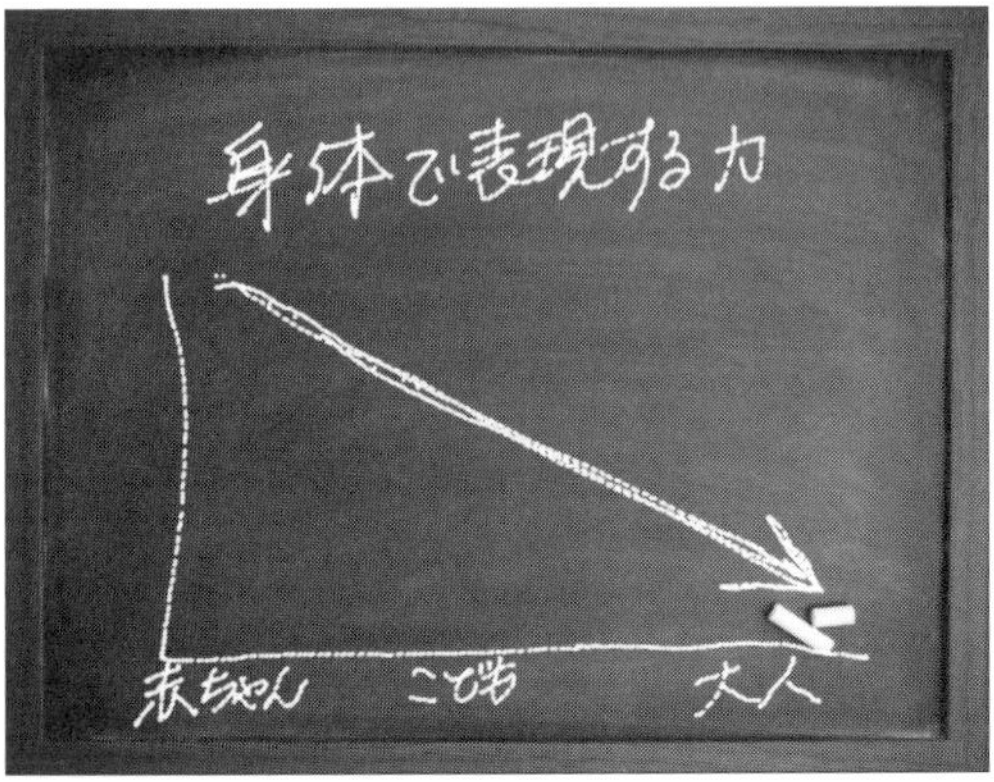

身についてくる。道具を利用することも覚えてくる。だからズルをして、簡単に伝えようとするんですよ。

赤ちゃんはギャーっと泣いてミルクをほしがる。幼稚園、小学生となると、「お母さん、ミルクミルク！ ミルクちょうだい！」と手足をバタバタさせたり、寝そべったりしながら駄々をこねるかもしれません。中学生になると、「ミルクある？」。これが高校生、大学生にもなると、今でしたらＬＩＮＥのスタンプでミルクを送るだけでしょう（笑）。

なんて簡単に伝えようとするのか。もちろん、それで相手が動いてくれればいいんですけどね。プレゼンテーションっていうのは、本来持っていた力を時々思い出しながら、伸ばしていっていただきたいというお話でした。

伝えたいことを決める

プレゼンテーションはどんなシーンでもプレゼンテーションです。このセミナーのようなこの形式、これがプレゼンテーションですよね、とよく言われます。いえいえ、相手が家族でも、人事部長でも、取引の担当者1人だったとしても、プレゼンテーションです。プレゼンテーションというのは相手を動かす力です。そのために行なうわけですからね。だから相手の人数はもちろん、相手と自分との関係も問いません。プレゼンテーションというのは相手を動かすために、まずは伝えなくてはなりません。

ということは、実は**一番最初にやらなくてはいけないのは、伝えたいことを決めるっていうこと**なんですね。これをやっていない人が多いんです。

たとえば、「伝えたいことは何ですか?」と聞いたときに、「この新商品について伝えたいです」と言う。これはだめです。残念ながら、その新商品は伝えたいことではありません。その

プレゼンテーションとは何か?

- ■ 相手が1人でもプレゼンテーションです
- ■ 相手が100人でもプレゼンテーションです
- ■ 相手が10,000人でもプレゼンテーションです
- ■ プレゼンテーションとは相手に何かを伝えることです
- ■ 伝わらないとプレゼンテーションは失敗です
- ■ “伝えたいこと”を先に決めましょう

新商品は「テーマ」です。伝えたいことというのは、そのテーマにぶら下がっているものです。

その新商品の味？ 値段？ 品質？ 安全性？ 実績？ 名前？ オンラインで買えるかどうか？ 値引き？ キャンペーン？ いろいろありますよね。その新商品なり、サービスの何を伝えたいのか、ブレークダウンをしないといけないのです。ほとんどの人はこれをやっていないんです。なんでやっていないかというと、単純な理由なんです。

それは、**伝えたいことが、パワーポイントのスライドのタイトルになってしまっている**からです。道具というのはしばしば、邪魔をします。本来、伝えたいことというのは、テーマからブレークダウンされていくべきです。でも、仕事だとそんなことをやっている余裕がないこともあります。だいたいこういうことは、外堀から決まっていくことが多いです。

はい、プレゼンをやる？ いつですか？ 6月20日。相手は？

何を伝えるかを先に決める

- 通常、先に決めようとすること
  - **誰に伝えるのか？**
  - **いつ伝えるのか？**
  - **どこで伝えるのか？**
  - **なぜ伝えなければならないのか？**
  - **誰が伝えるのか？**
  - **どのようにして伝えるのか？**
- それよりも“伝えたいこと”
- “伝えたいこと”に順位をつける

ああ、あの自動車会社さん。どこですか？ 愛知県、豊田市。わかりました。なぜですか？ 今回の製品を検討していてコンペになっている。わかりました。誰が行くんですか？ 私と製品担当と、部長と支店長が行く、と。どのようにしてプレゼンをしますか？ 製品の説明をして、デモンストレーションをして、見積もりを出して、最後はQ＆A。

……これをｔｏ ｄｏといいます。みなさん、これをやるのは得意なんですね。

ｔｏ ｄｏばかりこなして仕事をした気になっていませんか？

「何を伝えるべきか？」という整理はしていますか？

本当にプレゼンテーションを成功させたい、つまり相手に伝え、動かしたいのであれば、一番最初に伝えたいことを整理しないとダメです。伝えたいことが決まったら、他のことが決まってくるというのが本来の順序です。

伝えたいことはこれ？ だったら、6月20日はやめようよ、新製品が出るタイミングの7月の頭にしようよ、とかですね。このことを伝えるなら、デモンストレーションが必要だから、先方に来てもらおうよ、となるわけですね、本来は。

ですが、仕事する上では、なかなかこうは進まないですよね。仕事って突然、降ってくるものですからね。だから、ついｔｏｄｏから決まっていきがちなんですけれども、忘れていただきたくないのは、**何を伝えるべきか？ というブレークダウンをちゃんとするということ。**そうするとレビューが変わってきます。「それ伝わってこないよ、この資料じゃ」とか、「ちゃんと伝わった？」とか、ちゃんと確認ができるようになります。

プレゼンに欠かせない「視点誘導」

今でこそプレゼンテーションはメジャーになっていますが、昔はプレゼンテーションをするチャンス自体が、そんなに多くありませんでした。少なくとも私が社会人になったときはとても少なかったです。

私が社会人になったときに、発表や勉強会などで使っていたのはＯＨＰというのを使っていました。ＯＨＰって知ってます？ 知らない？ 今の若いかたはご存じないですね。ＯＨＰというのは何かと言うと、Ｏｖｅｒ Ｈｅａｄ Ｐｒｏｊｅｃｔｏｒの略です。私が若かった時代はＯＨＰを使ってプレゼンしたものです。部屋を真っ暗にして透明のシートにコピーして、赤や青や黒で書いて、説明していました。ペンなんかおいて影にして矢印にしたりなんかしてですね。そんな凝ったことをやっていました。

今はそんなものは使ってないです。現在は、３つの道具があ

昔、プレゼンテーションとは？

- ほとんど行なわれなかった
- 授業、学会、発表会などではOHPが使用されていた
- オーバーヘッドプロジェクタ（Overhead projector）

ります。パワーポイント、ノートパソコン、そしてプロジェクター。これらが持ち運べるようになりましたので大変プレゼンテーションがメジャーになってきました。

どこへ行ってもプレゼンテーション。朝会、定例会、報告会、反省会。歓迎会、慰労会、パーティ。結婚式の披露宴に行くと、新郎新婦のご友人が新郎新婦の若いころやなれ初めの様子をパソコンを使って披露するわけです。

そんなことが普通になり、あらゆるところでプレゼンテーションが行なわれています。だからプレゼンテーションのチャンスは昔と比較をしてものすごく多くなっているのです。しかもそれを評価するという行為も加わってきました。プレゼンテーションコンテストも増えてきました。

そういうところで使われているプレゼンテーションのスタイルを3つ、ご紹介しましょう。オーソドックス、ビジー、フラッシュの3つです。順番に説明してまいりたいと思います。

プレゼンテーションが頻繁になった理由

- プレゼンテーションソフト PowerPoint の普及
  - Forethought 社によって Mac 用 "Presenter" として開発
  - 1987 年 PowerPoint 1.0 リリース後、マイクロソフトが買収
  - 1992 年 PowerPoint 3.0
  - 1995 年 PowerPoint 95
  - 1996 年 PowerPoint 97
- ノートパソコンの普及
  - 1980 年中盤ラップトップパソコンの登場
  - 1990 年後半ノートパソコンの登場
- プロジェクターの普及
  - 1989 年液晶プロジェクターの登場

まずはオーソドックス。オーソドックスというのはその名の通り、ごく普通の、一般的な、よくある、ありふれた、典型的な。

ではそのオーソドックススライドを表示しましょう。

これがオーソドックスプレゼンテーションです。背景が青空。図版があって、表組があって大き目の文字とタイトル。まあ、普通のスライドですね。これがオーソドックスなスライド。これを使って、のちほどプレゼンテーションを披露してみたいと思います。これはよくあるデザインです。

2つめは、ビジースライドなるものをご紹介しましょう。ビジーというのは、うるさくてこまかくてやかましくて…そんなスライドです。今、悪い言葉ばかりをいくつか並べましたが、今からご紹介するのは、私が人生で出会った中で最もよくできているビジースライドです。すごくいいんですよ。これ。

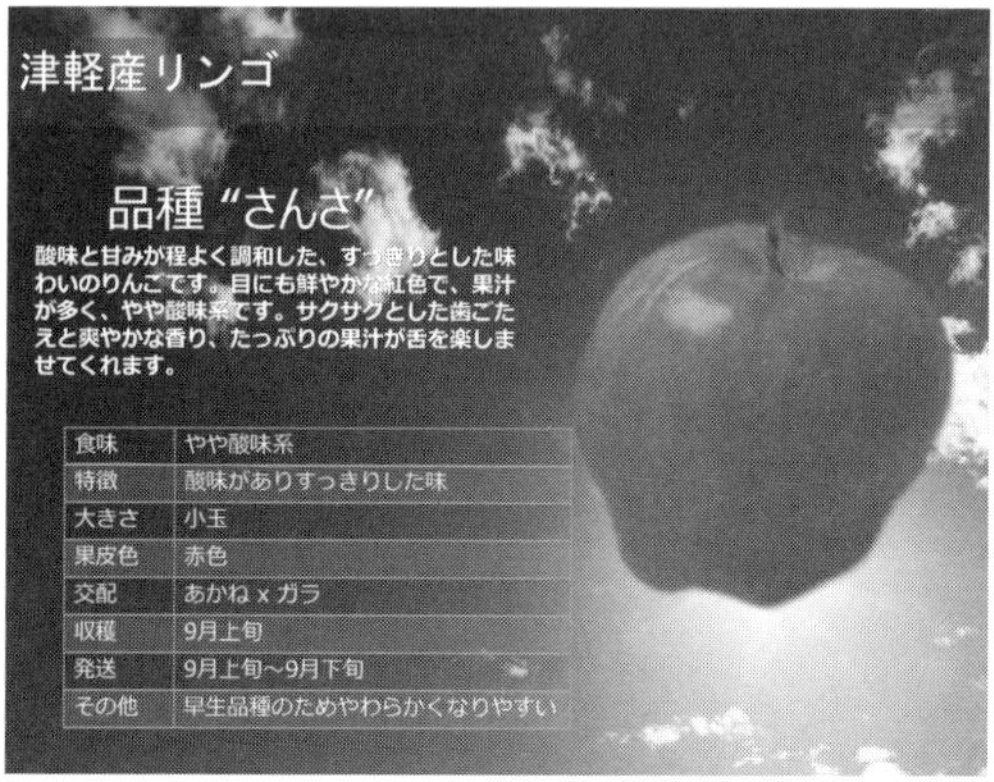

おおっ、と引いてしまいますね。ビジーですね。いいスライドなんですよ。顔写真。地図。グラフ。フロー。いろんな表現方法を使ってマイクロソフトのビジネスについて説明をしています。文字が小さいです。情報が多いです。表現方法が多様です。もうぎっしりと情報がつまっています。

……なんていうのは、プレゼンテーションの特徴ではないんです。それは全部デザイン上の特徴なんです。みなさんデザイナーでもなければイラストレーターでもないので、デザインの特徴の話は今日はしません。ではプレゼンテーションの特徴って何でしょう？ ある特徴があります。しゃべってみるとわかります。実際にプレゼンをすると、このプレゼンテーションの特徴があらわれます。

ではしゃべってみますよ。

「マイクロソフトのビジネスについてこのスライドは」

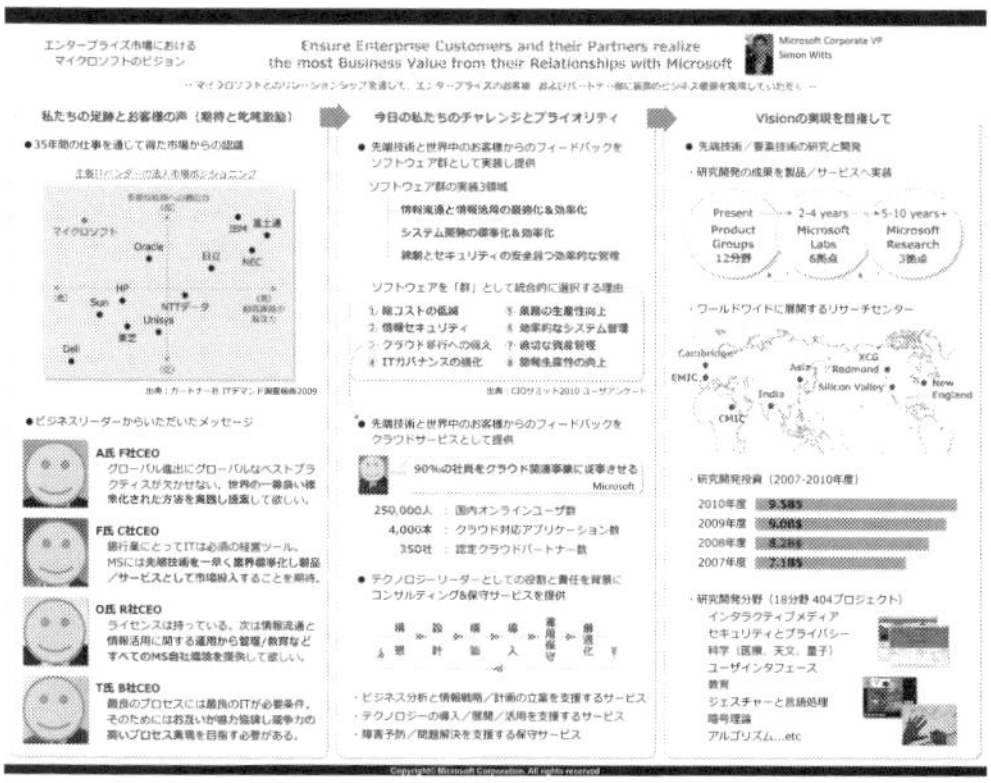

語っています。その中でも、今日お話させていただくのは、マイクロソフトの研究開発投資、R＆D投資です。2007年には、7・1ビリオンダラーという研究開発投資を、2008年には8・2ビリオンダラー。非常に多額の研究開発を行って、あたらしい製品やサービスを生み出しているんですね。

……と私が話している間、今の今です。今、この話を聴いているみなさんの1割から2割は、私の話より、左下の「ビジネスリーダーからいただいたメッセージ」にあるビジネスリーダーの顔写真が気になって仕方がないはずです。これがビジースライドによるプレゼンの特徴なんです。どういうことかというと、**視点誘導ができていないんです。**本当に視点誘導ができていないかどうか。みなさんにちょっとうかがいたいと思います。今のスライドを隠して、あらためて質問させてください。

みなさん、マイクロソフトの2008年の研究開発投資金額を言える方はいらっしゃいますか？

覚えていないですよね。おかしいですよね。私は研究開発投資の話をずっとしていたんですよ。２００７年と２００８年の数字について声に出してお伝えしたんですよ。なぜだれからも投資金額が出てこないんですか？

結局、**今の私の話は誰にも伝わっていなかった**ということです。

私の視点誘導が足りないせいで、みなさんはそれぞれが興味の行くところに目が行くから、その情報を覚えているわけです。

これが**視点誘導ができないために伝えるべき情報が伝わっていない**ということなんです。

これはデザインのせいでもない、みなさんのせいでもない、私の伝え方がいけないんです。その最大のポイントは何かというとプレゼンテーションの数式です。

プレゼンテーションの数式は、話していること＝聞いていること＝見ていること

これが成り立っていないんです。つまり、私が説明しているところを見ていないんですね。

小学校の頃、先生はいいことを言っていました。「よそ見をするな」。そうです。よそ見しちゃダメなんですよ。いい子はよそ見しないんですよ。できる子はよそ見をしないんです。よそ見をしない子のことを昔は「集中力がある」とか言ったんですけどね。よそ見しないお子さんはやっぱり成績もいいはずです。

たとえば、お子さんが壁に落書きをしてしまったとする。当然、怒りますよね。「壁に絵を描いたらだめでしょう」。その時にうつむいているお子さんは、また落書きをします。ところが、お子さんが落書きした壁をちゃんと見ていたら、つまり親が視

プレゼンテーションの数式

- 話していること ＝ 聞いていること ＝ 見ていること
- 目で見ている（追っている）部分の説明がなされていないと聞いている人の頭には入っていかない
- 的確に視点を誘導できるか？
- “資料” による誘導
- “話し方” による誘導

点誘導できていたら、ちゃんとお子さんに伝わります。その子は二度と壁に落書きをしなくなるでしょう。

そのくらい視点誘導というのは相手の行動を促すために重要なんですね。この場合は、「落書きをしない」という行動を促すということですね。「〜〜させない」というのも、行動を促すことと同じです。行動を促すためには、話していること＝聞いていること＝見ていること、にする必要があります。

さまざまな視点誘導のテクニック

視点誘導のためのツールがいくつかあります。ひとつは、指し棒。指し棒も悪くないです。でも指し棒は、たとえば広い会場でスクリーンが2つ以上あったり、または巨大なスクリーンの時には使えません。だから私は使いません。あとは、コンサルさんなんかがよく使いますけど、レーザーポインター。かっこいいですね。レーザーポインターはいい道具ですが、視点誘導の道具としては使えません。なぜか。

レーザーポインターでビシッと当てても、レーザーポインターの照らすその先の文字を人は見ていないからです。何を見ていると思います？　人は、レーザーポインターの赤い点を見ているのです（笑）。あ、震えてる！　とかね、赤じゃなくて緑もあるんだ、とか。レーザーポインターの軌跡を追いかけたりしている人もいます。だからレーザーポインターも必ずしも視点誘導に長けているとは言えない。

視点誘導するために一番いいのは、言葉で補うことです。

この場合だったら、

> みなさん、右側にある青色の上に伸びている4本のグラフにご注目ください。2007年から2010年までのグラフの数字があります。覚えてくださいよ。下から読み上げますよ！　2007年には7・1ミリオンダラーですね！

と言葉で言わなきゃだめなんです。これがプレゼンテーションの視点誘導というテクニックなんです。

テレビの情報番組によく登場する2人の方を例に挙げてみましょう。まずは池上彰さん。もう一人は加藤浩次さん。池上彰さんは、テレビ番組でフリップボードが出てきたとき、何て言うと思いますか？　こう言うんです。

［**さあ、登場しました。では、上から行きましょうか。**］

フリップボードには情報がたくさん詰まっている。そこで彼は言うんですね。上から行きますよと。視点誘導を確実にするんですね。加藤浩次さんは何て言うと思いますか。加藤浩次さんはフリップボードが出てきても「さあ、最初に」と言うだけなんです。つまり**番組の進行はしているけど、視点誘導はしていない**ということになります。これは非常に大きな違いです。視点誘導というのは伝えるためのテクニックなんですね。

フラッシュでプレゼンを学ぶ

では3つめのフラッシュプレゼンテーションをご紹介しましょう。その名の通り、フラッシュ＝ストロボをたくように、パン、パン、パンと展開されるタイプのプレゼンです。だいたい1枚のスライドを2秒から5秒くらいの間でこなしていくスタイルです。

もちろん、時と場合を選びます。たとえば、トラブル中のお客様の前では絶対やってはいけません。コンペもだめです。それから、非常にタフでシビアな価格商談の場もいけません。

このようにシチュエーションを選ぶフラッシュプレゼンテーションですが、プレゼンの勉強をするには、フラッシュプレゼンが一番おすすめです。

実際今からフラッシュプレゼンテーションをやってみましょう。

「①今日ご紹介するのは犬の命です。ワンちゃんの大切な命。」

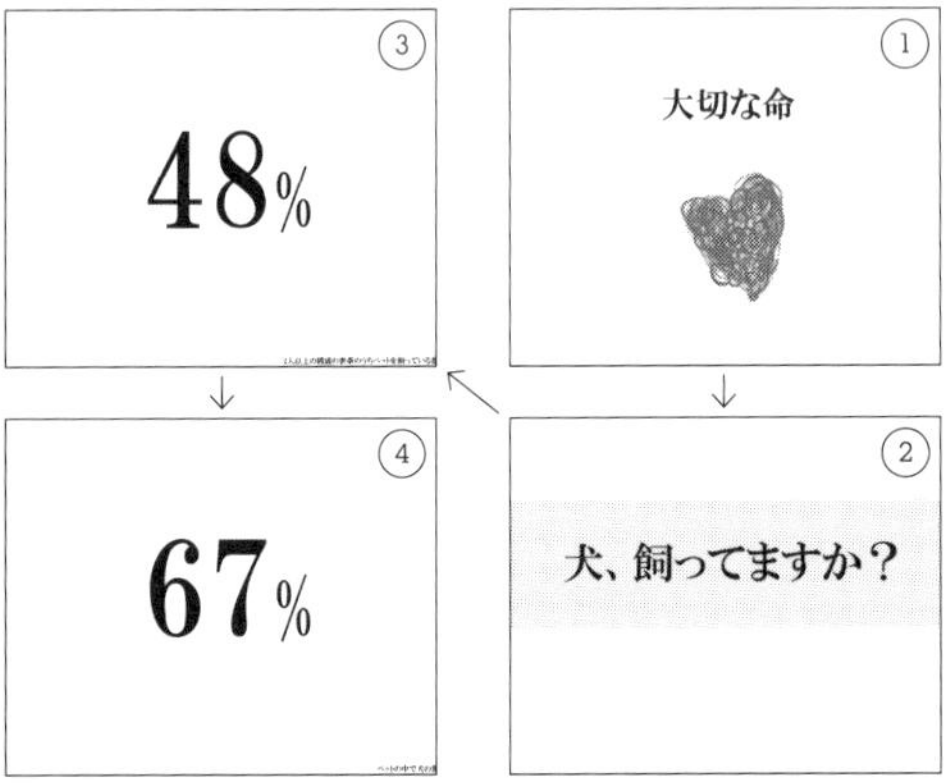

②みなさん、犬飼ってますか？

③日本では2人以上で暮らしている世帯の約半分、48%が何らかのペットを飼っているんですって。犬とか猫とか鳥とかウサギとか……。

④中でも犬の割合は最も多い67%になっています。

⑤そんな犬のこと、みなさんよく知っていますか？

⑥たとえば、犬と私たちのおつきあいです。3万年前のオオカミの家畜化から始まっています。歴史がとても長いんですね。

⑦世界で一番小さい犬です。かわいいですね。スマートフォンの上に乗っかっている。

⑧世界で一番大きい犬です。これで生まれて間もないそうです。ミルクを飲んでいますね。

⑨そうなんです、犬と言うのは地球上に存在する動物の中で最も大きさのバリエーションが豊かである。種が豊かであるといわれているんですね。

⑩国際家畜連盟の統計による犬の種類は何種類だと思いますか？

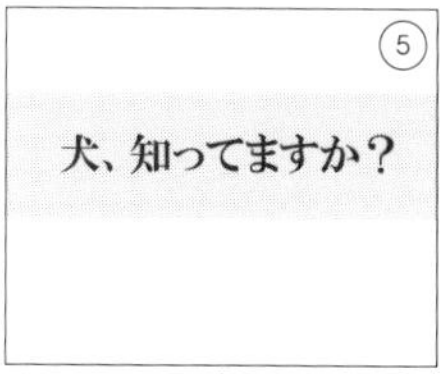
⑤
犬、知ってますか？

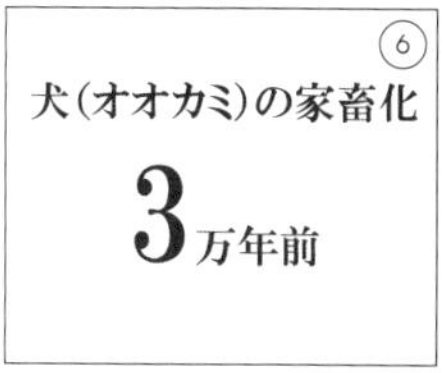
⑥
犬（オオカミ）の家畜化
3万年前

⑦

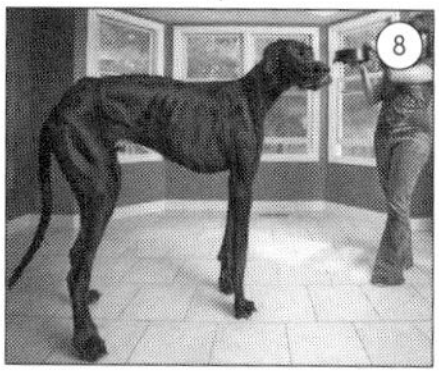
⑧

⑨

⑩
国際家畜連盟

⑪３３６種類あるんですね。これが公認の数。
⑫これに非公認も含めますとその数は８００を超える(⑬)といわれているんですね。
⑭大変多いですよ。歴史も長くてもっとも身近な命なんですね。
⑮時には私たちの命を守ってくれたり、大きく支えてくれる。そんな大切な命なんです。
⑯ところが、大変残念なことが起きています。
⑰動物愛護法。第44条4項で定められた家庭動物としてあることが起きているんですね。
⑱年間で５万です。５万頭の犬の命。
⑲これを１日１日に並べますと１日４００頭です。何が起きているかご存じですか。
⑳殺されているんですね。１日４００頭殺されていることが驚くべきことなのではありません。
㉑実は驚くべきことはその先にあるんです。

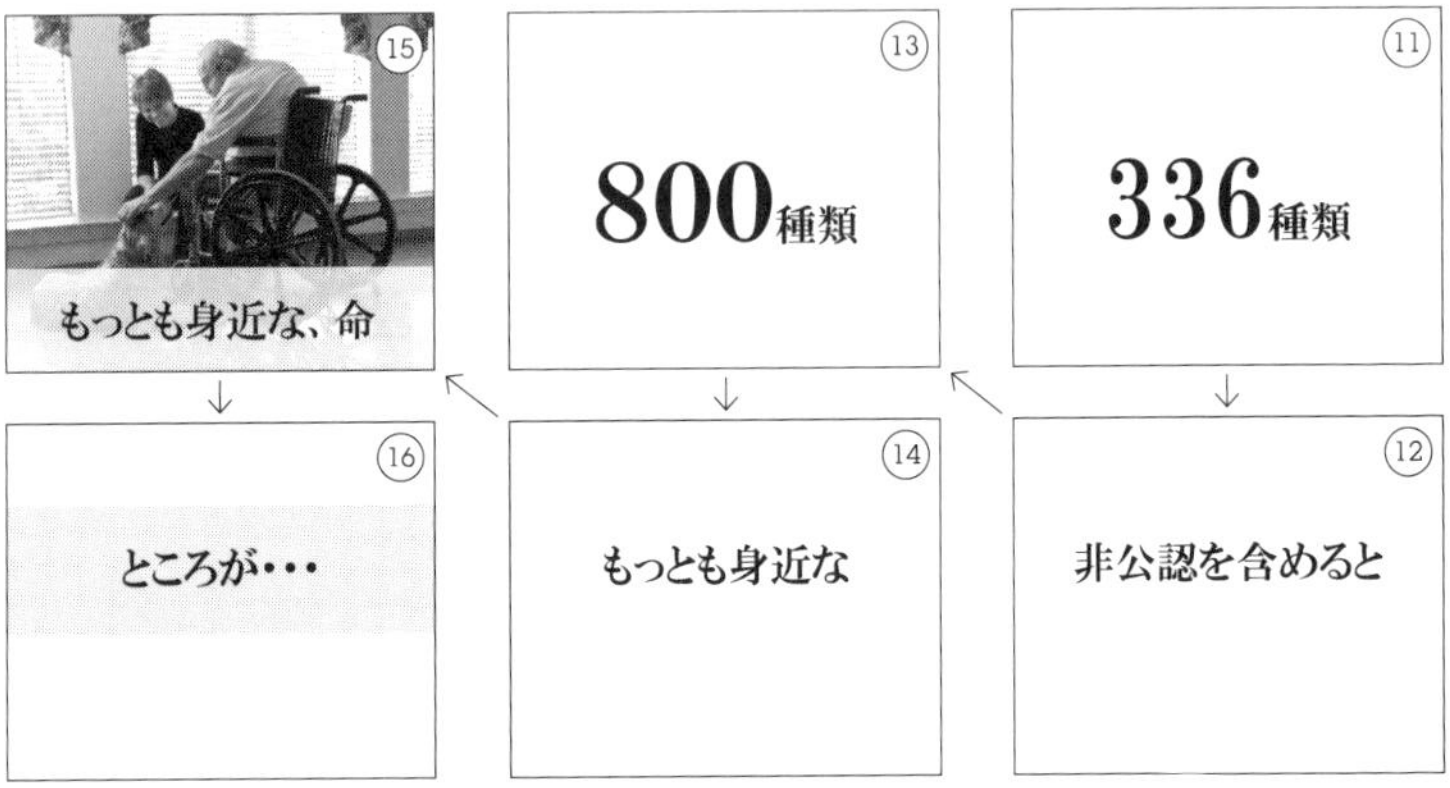
⑪
336種類
⑫
非公認を含めると
⑬
800種類
⑭
もっとも身近な
⑮
もっとも身近な、命
⑯
ところが・・・

㉒1日400頭のうちの実に39%が、生きたまま飼い主が保健所に持ってきて、「この犬を殺してください」と申告するんです。これが39%なんです。39%が飼い主が殺せと持ってくるんです。

㉓考えられますか? その理由ですよ。

㉔下から2行目。「夏休みで長期の旅行に行くから」。考えられますか? 上から2行目「犬が大きくなってかわいくなくなったから」。

真ん中あたり「言うことを聞かないでキャンキャンうるさいので」――こんな風にして犬の命が奪われていくんです。

おかしいですよね。

㉕私たちとともに生きる大切な命、

㉖ずっとずっと一緒にいてあげてください。

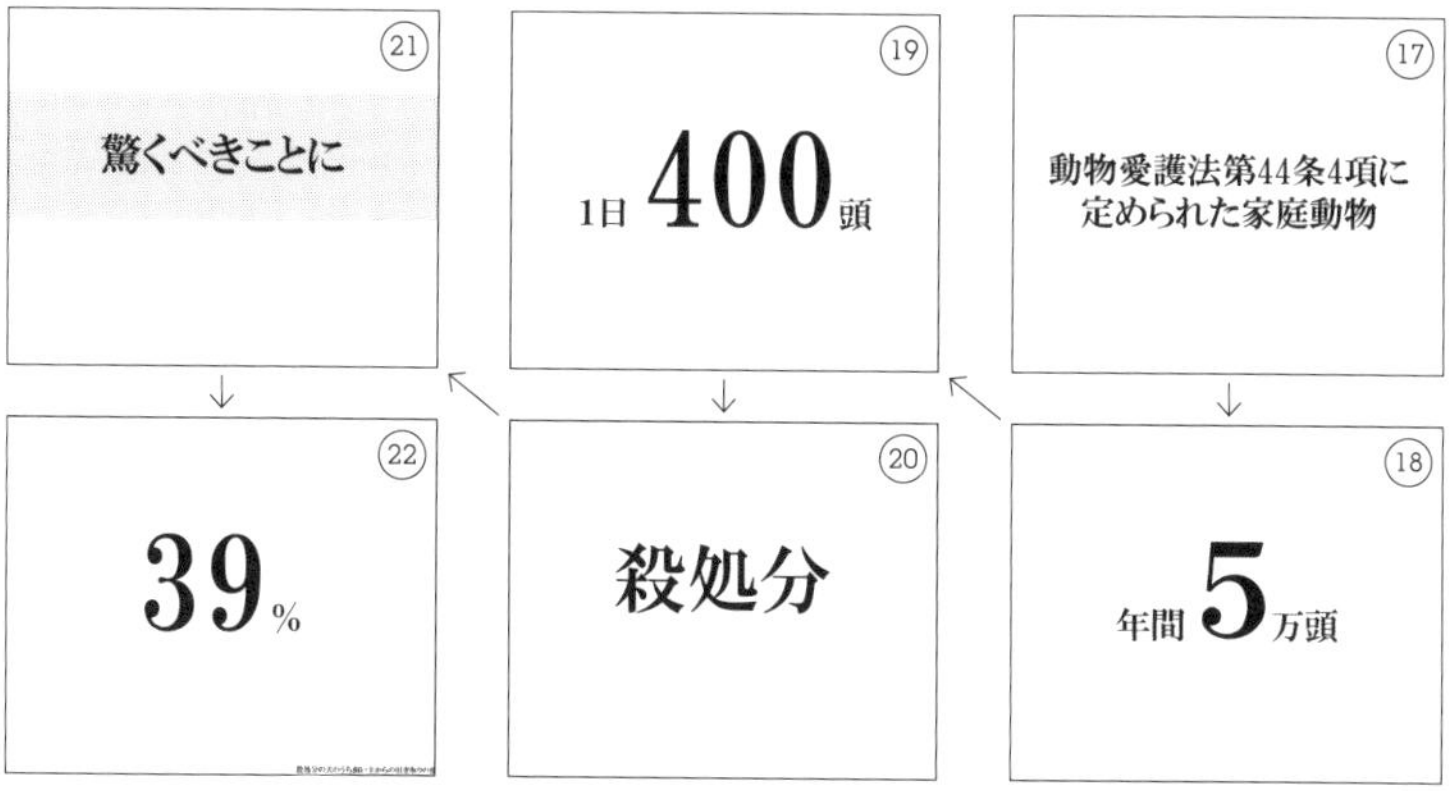
⑰
動物愛護法第44条4項に
定められた家庭動物
⑱
年間 5 万頭
⑲
1日 400 頭
⑳
殺処分
㉑
驚くべきことに
㉒
39 %

これがフラッシュプレゼンテーションです。

かかった時間は2分。スライドの枚数は26枚。視点誘導は完璧ですよね。スライドひとつひとつの情報が少ないのでよそ見をしない。しかもみなさんは、私のシナリオ通りに物語を読み取っていただけます。

フラッシュプレゼンテーションは、プレゼンテーションの練習、学校の教育にも、とても向いています。理由はいくつかあります。まず視点誘導を勉強することができる。そして、プレゼンテーションスライドが非常にシンプルですから、パソコンに向かってパワーポイントをあれこれ考える必要がない。文字や写真をパン、パン、パン、と入れていくだけですから。プレゼンテーションにフォーカスした勉強ができるんですね。

ですからフラッシュプレゼンテーションは学校の教育、プレゼンテーション大会、IT業界ではライトニングトーク、そんなものに活用されていまして、3分から5分でプレゼンをする

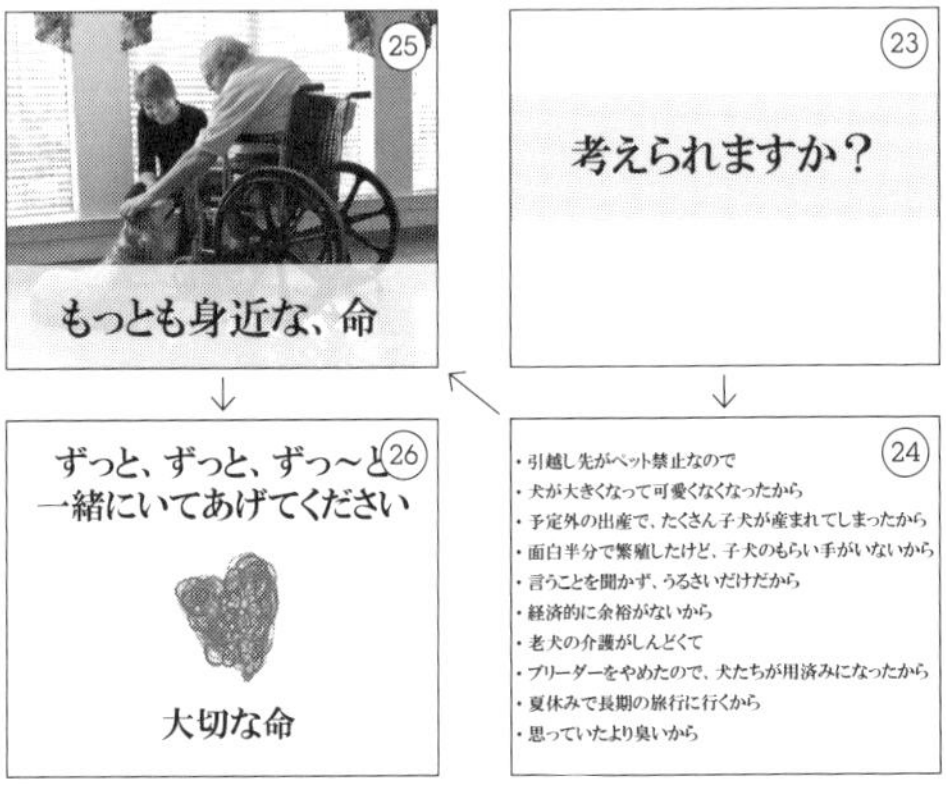

のに有効です。アメリカでは最近、親を説得するなんていうプログラムがあるそうです。こんな風にしてフラッシュプレゼンテーションというのは非常に多用されています。

視点誘導をどう行なっていくか

総じて言えるのは視点誘導なんです。「話していること＝聞いていること＝見ていること」になっているか否か。

ただし、ちょっと面白いのは、視点誘導では、あることが起きるんです。たとえば相手の人数が２人の場合、「こちらの数字にご注目ください」なんて手で指し示すと、２人ともがそれを見てくれるんですね。つまり、人数が少ないと視点誘導しやすいということです。人数が少ないと視点誘導は１００％に近いです。ところが人数が３人、４人……10人、１００人、５００人、１万人と増えていくにつれ、もういろんなところに視点が散ってしまう。そりゃあ、顔写真が気になるわけです。

何を伝えるかを先に決める

■ 相手が少人数の場合
- **視点を誘導しやすい**
- **１スライドの情報は多め**
- 「資料」として見せる
- 紙（大きな）での説明も効果的
- 対象が特定される

■ 相手が大人数の場合
- **視点の誘導のテクニックが必要**
- **スライドは簡潔で情報量は少なめ**
- 「印象」を与える
- 動画なども効果的
- 対象が特定されず「会場」**と表現**

自分の興味があるところに目がいってしまう。

そうすると、伝えたいと思っていることが伝わらなくなってしまうんです。実際に私の話も伝わらなかったですよね。人数が多くなってくればくるほど、視点誘導のテクニックが大変重要です。だからスライドを簡略化するか、言葉による誘導をするか、何かしら道具を使うか、いずれにせよ視点誘導が重要だということを覚えておいてください。

人数が増えますと緊張する、という方がいらっしゃいます。ただ、人数が増えれば増えるほど緊張するわけではありません。もっとも緊張する人数は、100名前後くらいの人数です。おかしなことに、5000人くらいになってしまうと、まったく緊張しなくなります。むしろ、興奮します。1万人でも緊張しないです。1万人くらいいると、だいたい1000人くらいは寝ています（笑）。1000人くらいは途中で帰ります。あまり気にならないです。もはや、人ではなくて風景です。ひとりひとりは気にならないです。20〜30人、そして100人くらいはいろいろなことが気になります。だって、全員の顔がわかりますから。みなさんそうですよね。プレゼンテーションをしている最中、豪快に寝ている人がいると緊張します。スライドの頁を先にめくってみている人もいますよね。あるいは、舌打ちをしている人、「ん？」といった顔で首をかしげたままの人……不安でいっぱいになります。

そんな緊張をやわらげるテクニックはこの講座の最後でお伝えしたいと思います。

Chapter 2

シナリオを作る

プレゼンは起承転結？

この章ではプレゼンテーションをどういう流れで伝えていくかという、具体的なシナリオ作りの話に入ってゆきます。

どういうシナリオを作るのか。

どうせ起承転結の話でしょ、と思われる方もいるかもしれません。起承転結の話って小学校4年生で勉強するんだそうです。小学校4年生で起承転結を勉強する。中学校や高校で読書感想文を書けば、先生に「起承転結で書けよ」と言われ、大学へ行き論文を書けば教授に「起承転結がなってない」と言われ、社会人になって「3分間スピーチ起承転結つけろよ」と課長に言われて……そんなみなさんに対して、ここでまた起承転結の話をするのもなんですから、あまり起承転結にはこだわりません。もちろん、起承転結は重要と言えば重要です。万国共通ですしね。

シナリオは“起承転結”を入れる

- 起承転結をもう少し具体的にすると……
  - 最初は、「親しみやすい共通の話」
  - 続いて、「こちらのペースに誘導する話」
  - そして、「意外？！と感じさせる話」
  - 最後に、「なるほど、と納得させる話」
- 言葉で言うと、
  - 最初は、「**最近は～ or そういえば先週など**」ではじまる部分
  - 続いて、「**本日は～**」ではじまる部分
  - そして、「**ところで～**」ではじまる部分
  - 最後に、「**まとめますと～**」ではじまる部分
- しかし、1 枚のスライドのときもある
- さらに、最近は“起承転結”でないケースも多い

ですが、最近は起承転結じゃないケースが多いです。最近のプレゼンテーションでは結論が先というケースが大変多いです。最初に結論を言う。その後、理詰めにしていく。そういうケースも多いので私は起承転結が大事だという話はしません。

プレゼンテーションの黄金比

みなさんにお伝えするのは2つです。

まず1つめの公式です。

プレゼンテーションの黄金比＝3：7

これはどういうことかというと、プレゼンテーションでは、**いただいている時間の7割で本題をしゃべってください**、ということです。じゃあ残りの3割の冒頭の時間で何を話すと一番効果的か。その**3割の時間は課題提起と回答の時間に使ってく**

プレゼンテーションの黄金比3：7

- メインテーマを決めておく
- 前半30％が課題提起とその回答
- 後半70％が本題
- プレゼンテーション後、**相手にどういう行動を期待するか**を決めておく
  - プレゼンテーション中に**語りかける**
  - プレゼンテーションのまとめで**語りかける**
  - プレゼンテーションのタイトル／サブタイトルに展開する

ださい。

みなさん、思い出してください。ここまで、私はプレゼンテーションのテクニックの話なんて全然していないんです。その代わりに何の話をしていたかというと、課題提起と回答です。プレゼンテーションの重要性や、プレゼンテーションの課題について語っているんです。まずはオーディエンスを「この話重要っぽいな、ちゃんと聞かないと」というところまで連れて行くわけです。その上で、残りの7割でプレゼンテーションのテクニックの話をする。

たとえば、ペットボトル入りのミネラルウォーターの話をするとしましょう。

「実はこの水の成分はこうこうこうで、原産地はここで、容量はこれくらいで、どこへ行くといくらで買えます」——そんな話をいきなりしたらやっぱり「また売り込みかよ」と思われてしまいます。そうではなくて、冒頭の3割を使って、なぜ

シナリオを助ける“課題提起”と“回答”

■ プレゼンテーションには課題提起を入れる

- なぜ、**この話をしなければならない**のか
  - → “起承転結”の“起”を作り出せる
  - →ホラーストーリーで展開するのも手
- なぜ、**この話が重要**なのか
  - → “起承転結”の“承”を作り出せる
- なぜ、**私はここにいる**のか
- なぜ、**あなたはここにいる**のか
  - → “起承転結”の“結”を作り出せる

（以上）課題提起
→ 起（起承転結）

このミネラルウォーターの話をするに至ったかという背景、課題提起をしなければいけないんです。

「逃げ」る人を増やさない

この3割の時間を作ることで「逃げる人」が減るんです。というのも、プレゼンテーションというのは、必ず、逃げる人がいるんですね。逃げるっていうのは、「つまんないな、この話」とか、「あんまり重要じゃなさそうだな、寝よ」とか、「途中で帰るか」といったことです。そういう人はだいたい1割から2割、絶対にいるので仕方がないです。でも、その逃げる人数は増やさないでください。

なぜ「逃げ」が起きるか? これは眠いせいではないんです。この3つを説明していないからなんです。

1. なぜこの話をしなければならないのか?

2．なぜ私はここにいるのか？
3．なぜみなさんはここにいるのか？

これを説明すると相手に納得感がつく。ここを説明していないと、この3つにクエスチョンマークがつくんですね。「なんでこの話を聞かなきゃいけないんだろう？」「今日飲み会あったよな」「あんまり重要じゃなさそうだから飲み会行こうかな」「ところで、このしゃべってる人だれだろう？ 何なのこの人？」「俺じゃなくてよくない？ 課長にきてもらえばよかった」——そんな風に思った瞬間に「逃げ」が生まれるんですね。

プレゼンテーションは必ず冒頭で3割を使って課題提起をし、相手がプレゼンを聞かなければいけない理由を明確に伝えてください。このための合意形成ができているかどうかが重要です。もちろん、相手がはじめから課題を持っている場合もあります。そのときは短めでいいので、必ずリマインドをしてください。

ちょっと振り返ってみてください。私はここまで、ずっとこの話ばかりしていたんです。プレゼンテーションってとても重要で小学生から勉強しているだとか、単なるスキルアップではなくてキャリアアップにつながるから重要であるだとか、ちなみに私は複業でいろんな会社さんにプレゼンを教えている講師なんであるだとか、みなさんはお金、時間という2つのコストを払ってこの講座に参加していますよね、とかいったことをずっと話してきました。だからプレゼンテーションを真剣に聞いていただけているわけです。

これがシナリオの原則、3：7という時間形成の話です。

デマンドとホラーストーリー

次にデマンドの話をしましょう。デマンドとは、私がミネラルウォーターの説明をしたら、「そのミネラルウォーター、今すぐにほしい！ほしいなあ、帰りに絶対買っていかなくちゃ」と思う気持ちのことです。ほしい！と思う気持ち。必要性。これをデマンドといいます。専門用語ではデマンド・ジェネレーションとかデマンド・クリエーションとかいいますけども、とにかく「ほしい！」と思ってもらわなければならないということです。プレゼンテーションではデマンドを植え付けないといけない。

デマンドを植え付けるために効果的な手法があります。

1．ホラーストーリー
2．希少性
3．商品の魅力

希少性はわかりますよね。「今だけですよ」「先着１００名様ですよ」「今日キャンペーン中なんですよ」――これが希少性です。

商品の魅力、これも言葉の通りです。「この本には最新の必

デマンド（必要性）を植え付ける

- **“ホラーストーリー”**で植え付ける
  - この機能がないと大変なことになる
  - この商品がないと大変なことになる
  - この解決策をしないと大変なことになる
- **“希少性“**で植え付ける
  - 今だけ！
  - みなさんだけ！
  - ここだけ！
  - 先着100名！
- “魅力”で植え付ける

要な情報が網羅されています」「デザインがスタイリッシュでしょう」。

問題は「**1．ホラーストーリー**」です。ホラーストーリーって何なのか。

相手に訴えるためのプレゼンテーションには対照的な2つの手法があります。サクセスストーリーとホラーストーリーです。たいがい世の中のプレゼンテーションってサクセスストーリーでできているんです。

売るものの質や、伝える相手にもよるのですが、デマンドを植え付けるということを目的としたときに、より効果的なのはホラーストーリーの展開です。うまい人はみんなホラーストーリーでやっています。たとえば、ここにある、私が愛用しているキャスター付きのトランク。これについてプレゼンしていきましょうか。まずはサクセスストーリーで話してみます。

「　みなさん、荷物を持つときはぜひ、この軽快なキャス　」

サクセスストーリーとホラーストーリー

■ 例1）

- 紹介（自己／会社）
- **サクセスストーリー**
- **成功したイメージ**
- **なぜ成功するのか？**
- 解決できる課題
- 比較
- 具体例
- まとめ

■ 例2）

- 紹介（自己会社）
- 課題提起と回答
- **ホラーストーリー**
- **なぜ必要なのか？**
- **存在しないとどうなるのか？**
- 解決策
- 効果
- 比較
- 具体例
- まとめ

ター付きトランクをお勧めします。たくさんの荷物が入るのに軽いんですね。キャスターは非常になめらか。取っ手の位置が非常に使いやすい。これによってたくさんの荷物を持ち歩くことができます。こちらの商品、ぜひお手に取ってみて、買っていただければと思います。

これがサクセスストーリーです。つまり、この商品を使うとすごくいいですよ、という話をしました。

次にホラーストーリーの展開をしてみましょう。ホラーストーリーは真逆です。この商品がないとどうなるのか。この商品がなぜ必要なのか？　という話です。

みなさん、出張などで荷物が多くなりますよね。最近は持ち歩かなければならないものも増えてきました。私もこの仕事をしていると何台ものパソコン、充電器、ＡＣアダプタ類などたくさんの電子機器をてんこ盛りで日本全国津々浦々を移動することになります。年齢のせいもありますが、腰が痛いんですよね。肩や首にも響きます。これに加えて雨なんか降ると困りますよね。やっぱりキャスターは必要ですよね。キャスター付きのトランクってたくさんありますけど、デザインがいまひとつなものが多いんですよね……。やっぱりデザインは重要です。これはすごく洗練されたデザインですよね。あと取っ手が低いところについているやつは絶対だめですよ。屈んだりするときに腰を痛めますから。これはちょうどいい位置に取っ手がついているんですよ。こうして私の仕事に欠かせなくなったこのキャスター付きトランク。必ずみなさんの仕事もサポートしてくれるはずです。ぜひ、帰りに試していただきたいと思っています。

これがホラーストーリーです。**ないとどうなるか、どんな風に困るのかを話すことで、なぜ必要なのかを訴えることができる。**プレゼンテーションはホラーストーリーのほうが、デマンドを植え付けやすいと覚えておいてください。

テレビCMにみるホラーストーリー

たとえばテレビCMを観てください。松岡修造さんが出演しているファブリーズのテレビCMは、完全なるホラーストーリーなんです。松岡修造さんと臭い子供たちがばたばたたっと絨毯を汚したりね、ソファを汚したり、あるいはベッドのシーツが臭かったりしますよね。ですからホラーストーリーです。汚い、臭いところをずっと見せておいて、最後に一瞬だけシュッとファブリーズを吹きかけると美しくなる。これがホラーストーリーによる展開です。

化粧品業界はもともと、サクセスストーリーが基本でした。これを使えば、お肌つるつる、ハリ、艶、美白、という展開ですね。これを打ち破ってホラーストーリーでCMを打ったのが再春館製薬。みなさんもご存じ、ドモホルンリンクルです。「しみ、しわ、たるみ……」――年配の女性にとってのホラーストーリーを展開して、無料お試しセットに誘導するわけです。

このホラーストーリー加えて、希少性、商品の魅力。この3つを巧みに組み合わせてプレゼンテーションをすることで大成功している例をご紹介しましょう。ジャパネットたかたです。

私はこういう仕事をしているので、勉強のためにジャパネットたかたの番組を全部録画しているんです。時には音声を起して研究することもあります。そうすると気づくんです。完璧なまでにホラーストーリーを実践しています。具体的にやってみましょうか。

たとえば手ブレ防止機能付きのカメラ。ジャパネットたかたは、「こちらの商品は800万画素で165グラムと非常に軽量です」なんて言い方はしないんです。

小学校6年生の子どもが運動会で走っているシーンから始まります。徒競走でテープを切る。小学校6年生、最後の運動会です。クラスの女の子とダンスを踊っている。この運動会を見に行ったお祖母ちゃんがカシャカシャっと写真を撮るんです。徒競走で一等賞！ うれしはずかしフォークダンス、それを追いかけるお祖母ちゃん――なんとも微笑ましい光景です。

さて、お祖母ちゃんと孫が一緒に家に帰ってからがホラーストーリーの始まりです。孫が指を指して言うわけです。「お祖母ちゃん、ボケてるよ！」。お祖母ちゃんがボケているわけではありません。そこがホラーストーリーじゃないですよ。お祖母ちゃんの撮った写真がボケているんです。お祖母ちゃんが泣き始めます。「ごめんよ、お前の最後の運動会なのに……」。

そこへお母さんが参入してきます。「だから言ったじゃないの、お父さんが写真を撮ればよかったのにって！お祖母ちゃんなんかにお願いするからよ！」――ホラーストーリーの極みですね。

そこへ高田社長が登場。見事なタイミングでセールストークを始めるのです。

そこで今回ご紹介するのが、手ブレ防止機能付きのカメラです。運動会の激しいシーンでも、ご高齢の方が片手で素敵なスナップショットを撮影することができるんですね。このカメラでございますけど、本日に限り、3万名の方に29800円でお届けしたいと思います。さらに今回カメラをお買い求めいただきますと、8ギガのSDカードをお付けいたします。

こういう論法なんですね。

掃除機はどうでしょうか？　もちろん、いきなり掃除機の説明なんてしないんです。まずは、古い掃除機を使っていて困っている人が出てきます。ああ、猫の毛が全然取れない、吸引力が弱いー、ホースが重くて腰が痛い、コードが絡まって曲がれない、階段の掃除がつらい……ホラーストーリーです。

そこへ高田社長が登場。

さあ、そこでご紹介するのが、今回の強い吸引力の軽量コンパクトな掃除機のご紹介です。今回の掃除機、ラッキーな方がいらっしゃいます。今回の掃除機、古い掃除機のお持ちの方、今回に限り、なんと、1万円で下取り値引きをします。さらに今回、掃除機をお買い求めいただきますと、布団圧縮用のノズルとパックを半年分お付けいたします。

……というわけなんですね。徹底しているわけです。何でもこれです。

高枝切りばさみはどうでしょうか。もうおわかりですね。枝切りばさみの切れ味なんて説明しないんです。はじめは古い枝切りばさみを使っている人が出てくる。「おっとっと」なんて足場が崩れたりする。「んーあっ」とかいって、力を込めても枝が切れないわけです（笑）。

そこへ高田社長が登場。

もう、そんな力はいりません。今回ご紹介するのはこちらの高枝切りばさみ。夜7時までにお電話ください。29800円でお届けします。さらに今回この高枝切りばさみをお買い求めいただきますと、この小さくて切れ味のよいはさみもお付けしたいと思います。

とにかく徹底しているんです。相手にデマンドを植え付けるための工夫があるんです。

もっとも、商品を説明するにはいろんなシナリオ、パターン、説明の順序、あるいはロジカルシンキングなんて方法もあります。ですので、常にホラーストーリーが最適解というわけでありません。ホラーストーリーを使ってはいけない場合もあるでしょう。かえって逆効果になることもあるでしょう。

しかし、このように、何よりも買ってもらわなくてはいけないという場合、何としても相手を動かさなきゃいけないという場合、このホラーストーリーの論法は非常に魅力的な選択肢のひとつです。

ホラーストーリー、希少性、商品の魅力 —— デマンドを植え付ける3つの神器として覚えておいてください。

希少性の上手な使い方

ちなみに希少性には、いろいろなパターンがあります。

「夜7時までですよ」というような時限的なもの。

「先着3万名様ですよ」「従業員が5000人以上の大企業向けの商品です」といった人数による希少性もあります。

立場による希少性というのもあります。「これは、私とあなたの付き合いだから、特別にお分けしますよ。今回だけですよ。」と言われると、ありがたみが増すわけです。

そして、「ああ、あの会社にはないですよ。これをやっているのは私たちだけです」と言われるとほしくなる。これが競合優位の希少性です。

何らかの希少性をみなさん、訴えていますか？ 私はこの講座で訴えているんですね。「みなさんは、時間とお金というコストを払ってこの講座を受けていますよね」と最初のほうに言っているんです。こうすることによって価値を高めていくんですね。

さらに、この4つの希少性のどれにも属さないもので、「希少の希少」っていうのがあります。希少の希少というのはどんなものか。「この商品、今日、日本ではじめてご紹介させていただきます」「この商品を実際ご覧いただくのは今日はじめてなんですよね」「普段は言わないのですが、今日だけ内緒でお教えしますと」と言うと希少性が高まる。

さまざまな希少性がありますが、嘘は言ってはいけません。でも、プレゼンテーション中に成立すればＯＫです。たとえば高田社長が「夜７時までにお電話ください。２９８００円でお届けをします」と言いました。７時５分に電話したとしたらどうでしょう？　２９８００円で売ってくれるんですね（笑）。ごく普通に売ってくれる。いいんですよ、嘘ではないんですよ。「７時を越えたら値段が高くなる」とは言ってないんです。プレゼンテーション中にデマンドを植え付けるためのテクニックなんです。

だから「この商品、日本で初めて、今日お伝えします」「あれ、お前、昨日もそう言ってなかったっけ？」――これはだめですよ。

「日本で初めて、今日は実物を右手に持ってご紹介しましょ

相手をひきつける、希少性のコツ

- 希少性は相手をひきつける
- “**希少性**”で植え付ける

時期	今だけ、キャンペーン期間中だけ、あと２時間
人数・規模	先着100名だけ、大企業だけ
立場	あなただけ、御社だけ、この契約者だけ
競合優位	弊社だけ、この商品だけ
希少	今日はじめて、普段は言わないのですが

- 希少性はプレゼンテーションの中だけの成立でもＯＫ

う」「そうか、昨日は左手だったか」——これならギリギリセーフです（笑）。とにかく、嘘はいけません。上手に希少性を交えてご紹介していただきたいと思います。

EPSON
エバンジェリスト
100
プレゼンテーション技術

Chapter 3

スライド作成のヒント

そのスライドはコミュニケーションしているか？

さあ、シナリオが決まりました。今度はいよいよスライドを作っていきたいと思います。パワーポイントでスライドを作っていきましょう。

パワーポイントのスライドは美しいほうがいいですよね。見やすい、伝わりやすい、きれい、かっこいい、トレンド……いろいろな観点があるでしょう。ただ、ここで私はデザインの話をするわけではありません。あくまでプレゼンテーションのためのスライド作りという観点でお話したいと思います。

私がみなさんにまずお伝えしたいのは、**容易に位置を誘導できるか？**ということです。

たとえば「右にあります青いグラフ」って言ったら、右にちゃんと青いグラフが1個ないとだめなんです。青いグラフが1個もなかったり、2個も3個もあったらどの青いグラフを指

伝わりやすいスライドとは？

- 直感的にメッセージを読み取ることができる
  - キーワード、イラスト / 写真、グラフ
- **容易に位置を説明できる**
- **話している場所への視点誘導がスムーズにできる**
- “どこ”を説明しているかがわかる
  - 複雑な配置にせず、シンプルな配置にする
  - 言葉で“位置”を説明し、視点誘導ができる
- “読ませず”→“見せる”

しているのかわからないですよね。つまり、**話している場所への視点誘導がスムースなスライドが最も美しい**というのが、プレゼンテーションのためのスライド作りの観点です。

というわけで、スライドをレビューするにあたってはいろいろな観点があるかと思いますが、ぜひ、**位置が特定できるか、視点誘導がスムースにできるかどうか**――この2点にこだわってみてください。

これをまず念頭に置いていただいた上で、今からプレゼンテーションのスライド作りについて、いくつかのテクニックをご紹介していきたいと思います。

フォーマットは統一する

まずスライド全体のレイアウトやフォーマットについてです。

フォーマットは統一してください。

プレゼンテーション全体について

- フォーマットは統一する
  - 色合い、トーン
  - フォント、サイズ
  - ヘッダ、フッタ

  （可能な限り）
  スライドマスターを使用

- 受け取ったら「バラバラだな」と思われないこと
  - 担当者ごとにバラバラ
  - 季節ごとにバラバラ
  - 説明会ごとにバラバラ

ここで、国民全員がダウンロードできる政府与党社会保障改革検討本部の資料抜粋というのを参照してみましょう。

1枚目、2枚目、3枚目……色も配置もデザインも、ぐちゃぐちゃなんですね。これはどういうことかというと、官僚の方は、こういう資料を縦割りで作っているんでしょうね。それを最後にがっちゃんこして使っているのだろうと、そんなことを垣間見ることができる資料です。

確かに効率的かもしれませんが、スライドは受け取ったときに「バラバラだな」という印象を与えてしまうとよろしくない。スライドがバラバラだと、仕事も組織もバラバラだと思われかねません。「この人たちは、あっちのスライドをもってきて、こっちのスライドとがっちゃんこして……って、そういうやっつけ仕事をやってるんだろうな」なんて思われたらもったいないですよね。

H23 政府与党社会保障改革検討本部の資料抜粋

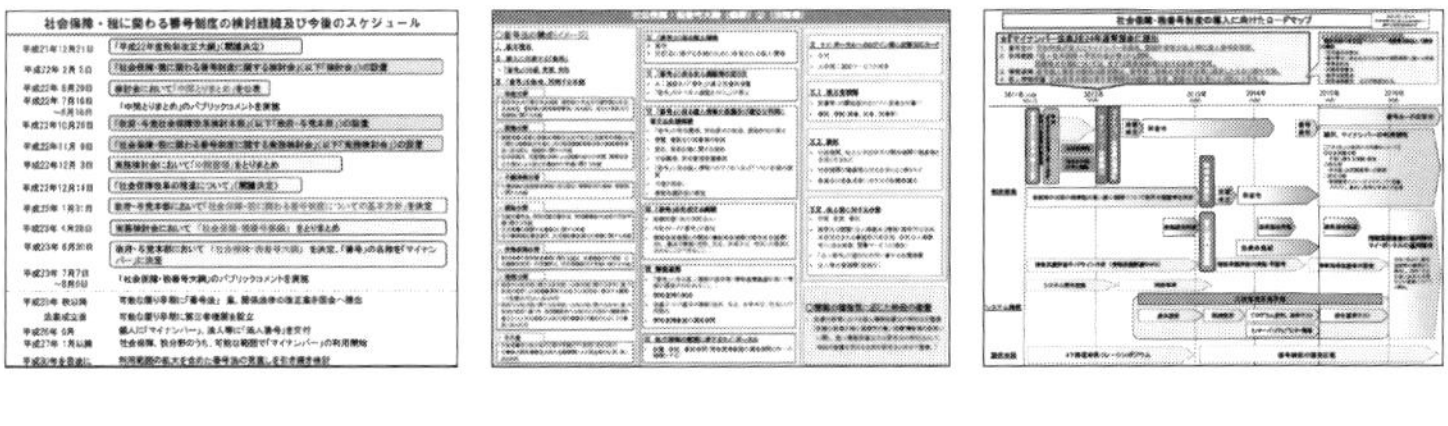

デザインではないと言いましたが、そういう意味では、やっぱりデザインの統一感ってすごく大事なんです。デザインのよしあしは私は専門外ですが、統一感。そろっていればいいんです。しっかりしているなあ、と思われるために大切なところです。デザインの中でも、そういったところは比較的、こだわるべきだと思っています。

バランスのとれた色合い

次に色についてです。色については2つあります。**色合いと、色数です。**まずは色合いから。パワーポイントにはバランスのとれた配色が準備されていますので、ぜひ、使っていただきたいと思います。何色を使いなさい、というアドバイスがあるわけではありません。好きな色をつかっていただいて構わないのですが、1点だけ、気にしていただきたいことがあります。それは、視覚/色覚弱者への配慮です。日本人男性の5%が色覚弱者であるといわれています。そういう方々にとって見やすい資料であるか？ 色覚弱者の方にとって見づらい配色の代表的なものに、赤と緑を使ったいわゆるクリスマスカラーというのがありますが、これは、一旦白黒にして確かめてみるという方法があります。ぜひ、試してみてください。

色遣いは気遣いです。なので、たとえば、先方の企業色を意識して使ってみるというのもおすすめです。逆に、絶対やってはいけないのが、先方の企業の競合企業の色をメインに使ったスライド。同じスライドを使って、A社、B社、C社……と回るときに起こりがちなことなのですが、たとえば、A社の企業色が赤だったとする。そこで赤を基調としたスライドを作成する。そのスライドを持ってB社にも行ってしまう。B社の企業色が青だったら？——エグゼクティブ向けのプレゼンの場合、これは一発でアウトです。まず間違いなく失注します。実は、担当者レベルでは大目に見てもらえる場合も多いです。でも、スライドの色を変えるなんてことは、3分もあればできることですよね。ほんの少しの気遣いです。だったら、3分、手間をかけましょうよ。ぜひ、スライドを作るときは色遣いに気

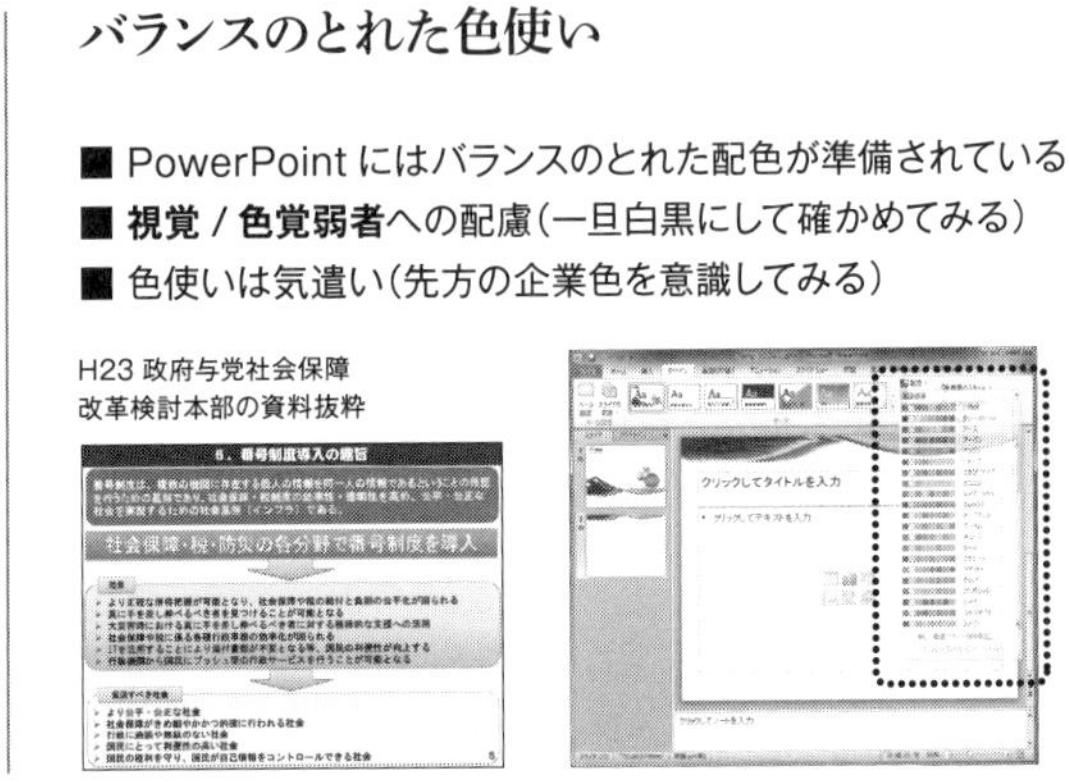
バランスのとれた色使い
■ PowerPoint にはバランスのとれた配色が準備されている
■ 視覚 / 色覚弱者への配慮（一旦白黒にして確かめてみる）
■ 色使いは気遣い（先方の企業色を意識してみる）
H23 政府与党社会保障
改革検討本部の資料抜粋
5．番号制度導入の趣旨
社会保障・税・防災の各分野で番号制度を導入
クリックしてタイトルを入力

を付けてみてください。

色は多用しない

よく聞かれるのが、「何色まで色を使っていいんですか？」という質問。私が申し上げているのは基本的には3色です。ちなみに地の色が白だとすると、白、黒、赤、青、ここまでです。基本は地の色＋3色で4色までです。ただ、どうしてもあと1色ほしいというとき、たとえば、黄色で「注目！」「New！」「アップデート！」なんてやりたい場合は、強調の＋1までは許しています。ですから、

地の色1色＋3色（＋強調の1色）

ということになります。

何が言いたいのかというと、**あまり色を多用しないでください、**ということです。下の図をご覧になってください。色が多用されています。なぜ右がよくて左がだめなのか？

色を多用しない（トーンを大切にする）

- 色数は最大でも３色まで（地の色を含めて４色まで +1）
- 色数を増やしたい場合は、同じトーンで展開する
- あるいは、一つだけの強調にとどめる（+1 色の強調）

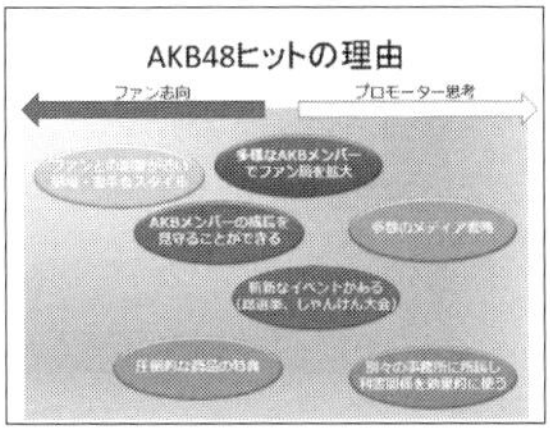

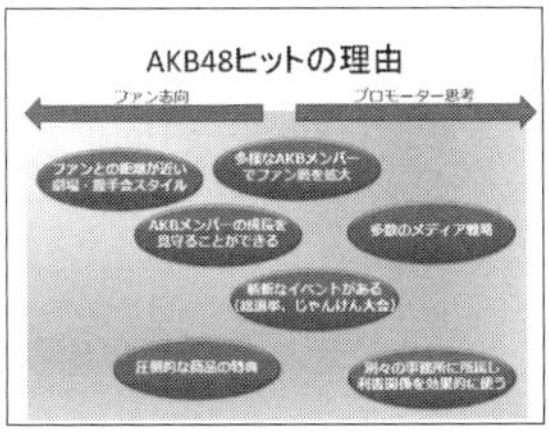

それは視点誘導ができないからです。「赤にご注目ください」と言われたときに、左側をご覧ください、「赤ってどれ？」ってなりませんか？

私たちがパワーポイントのスライドをパッと目にしたときに、まず**視点が向かうところは赤と黄色**なんです。なので、これを多用してしまうと滅茶苦茶になってしまいます。だから色は多用しないほうがいい。特に赤と黄色の位置は重要です。視点誘導を上手に促すことができるような色遣いにこだわってください。

タイトルスライドこそかっこよく

これ、なぜだと思いますか？ もっとも投影時間が長いからです。来場者が会場にやってきて、着席する。セミナーや講義が始まるまでの時間、ずっとタイトルスライドが表示されている場合がとても多いんです。

タイトルスライドこそカッコ良く

- タイトルスライドが第一印象
  - サムネイル表示（一覧縮小表示）にクリックしてもらえるか？
- タイトルスライドが一番投影時間が長い
- 含めるべき内容
  - **タイトル**
  - **サブタイトル**
  - 日付
  - 会社名 / 会社ロゴ
  - 客先名 / 御中表示
  - 所属・役職・**名前**
  - **アカウント /URL** など
  - できれば**写真**

だからタイトルスライドって非常に重要なんですね。ちょっとタイトルスライドの例を表示してみましょうか。オーソドックスなプレゼンで津軽産りんご「さんさ」をご紹介しました。

「さんさ」のタイトルスライドを表示してみましょう。

こんな感じです。いかがですか？

うーん（笑）。じわじわ来ます。まあ、いいか……。うーん、でも、どうですか？　じわじわ来ますよね。これ、タイトルスライドとしていいか悪いかっていったら、あんまりよくないです。じーっと見てるとだんだん笑いがこみあげてきますよね。あーあ、となりますね。

次にいきましょう。「タイトルスライドなんだから、もっと凝ってくださいよ、時には写真をいれましょうよ、いいスライドにしてくださいよ、工夫しましょうよ」と言うと、「わかり

ました！」と出てきがちなのがこういうタイプです。

これはいけません（笑）。さっきのよりいけません。無意味に外国人を使う。誰でしょうか、この少年は。この画像の著作権は大丈夫でしょうか？　あれ、赤りんごじゃありませんでしたっけ？

……とまあ、突っ込みどころが満載です。「Good！」「おいしい！」「お忙しい中、わたしたちのりんごの話を聞くためにお集まりいただきありがとうございます。私たちのりんごは「さんさ」という名前で津軽産の新しいりんごです。たっぷりの果汁が舌を楽しませてくれます。そんなりんごを皆さんにお届けしたいと思います。」――言いたいことを書いてしまっています。

あまりいいスライドではないです。だったらまだ、さっきのスライドのほうがましです。だけどあれはじわじわくるんですよね（笑）。さあ、どうしましょうか。

こんな感じのスライドにしましょう。一番いいスライドはこういうやつなんですよ。ここから語りかけるようなスライドなんです。多くのものを張り付けない。でも写真でインパクトがある。見ていて飽きないということなんです。だって一番長い時間表示するんですから、飽きるスライドはだめなんです。

みなさん、大きなカンファレンスに行ったとしましょう。いろんなカンファレンスルームがあります。今ご紹介した３つのうち、**どのタイトルスライドが表示されている部屋に入りますか？**

タイトルスライドは大変重要ですから、美しくあってほしいですね。

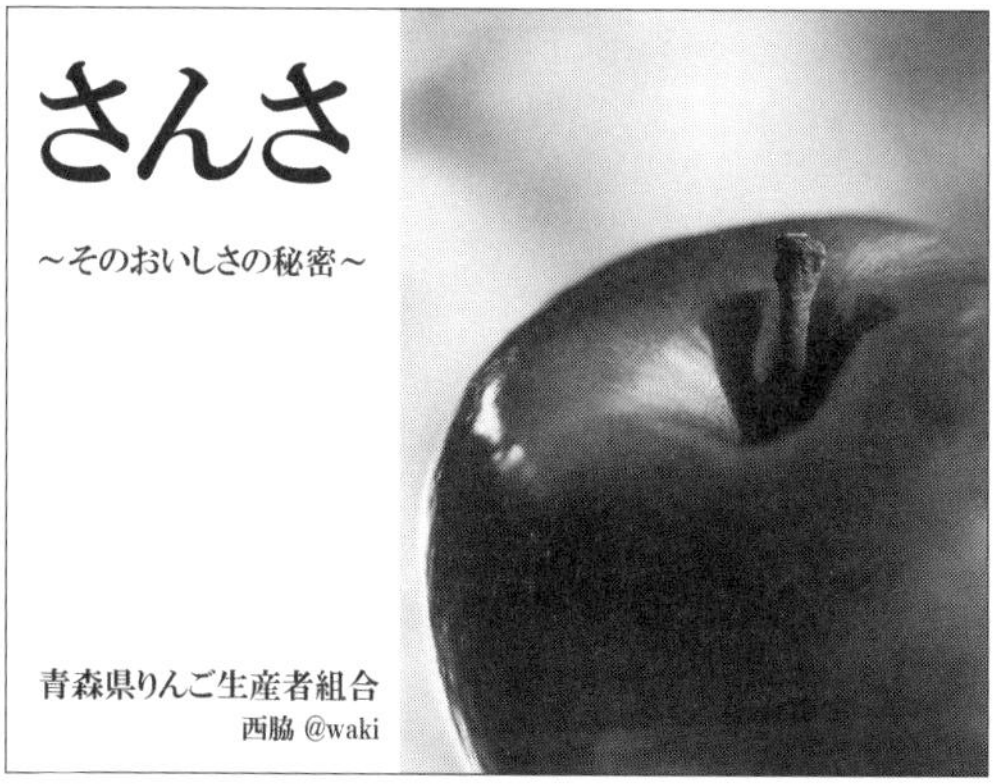

画面をめいっぱい使わない

左と右、まったく同じことが書いてあります。まったく同じことが書いてあるんですが、右は非常にわかりやすいスライドになっています。

右と左の最大の特徴はメリハリです。強調と非強調が激しい。強調してあるところは太くなっていて下線まであります。強調していないところはよりフォントが小さくなっています。この技術のことを**ステップダウン**と言います。段を落とすとか、字下げとはまた別のものです。ステップダウンというテクニックです。ステップダウンは激しければ激しいほどいいと言われています。

でも、もっと重要なテクニックがあるんです。右は空白行を入れているんです。ちょっとしゃべってみましょうか。

「ワークスタイルの改革についてお話します」

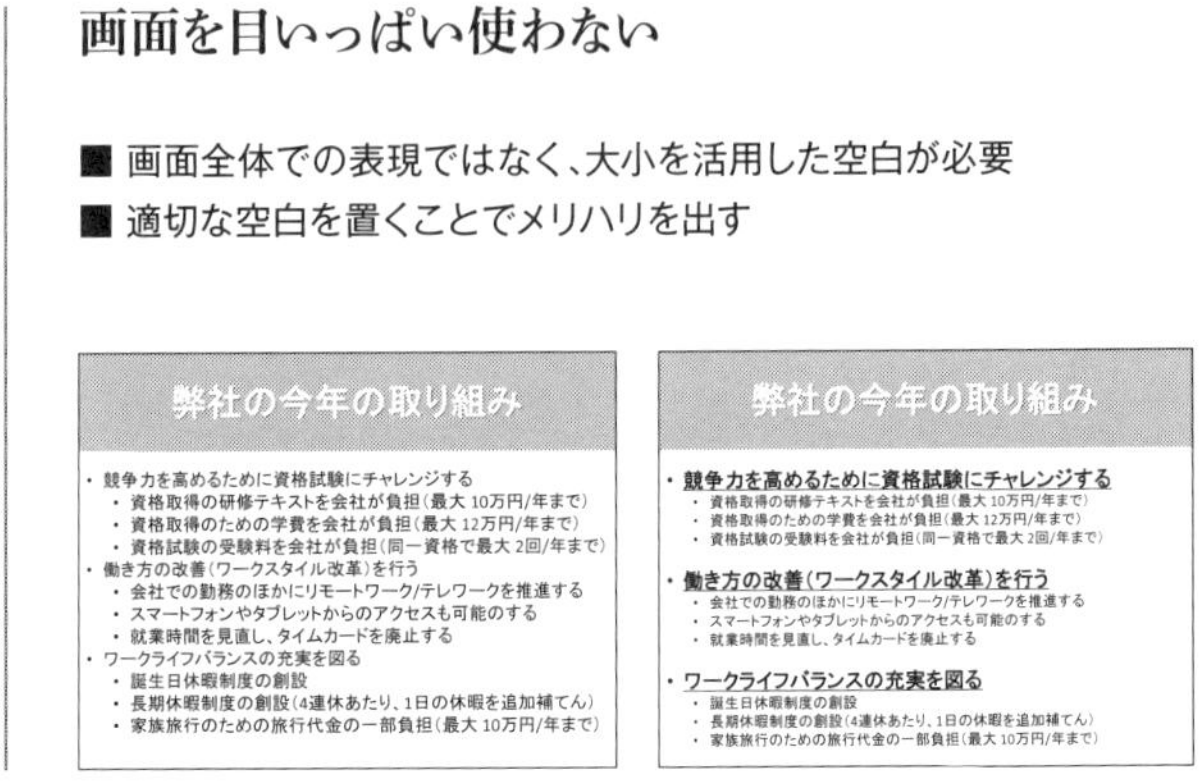
画面を目いっぱい使わない
■ 画面全体での表現ではなく、大小を活用した空白が必要
■ 適切な空白を置くことでメリハリを出す
弊社の今年の取り組み
・競争力を高めるために資格試験にチャレンジする
・資格取得の研修テキストを会社が負担(最大 10万円/年まで)
・資格取得のための学費を会社が負担(最大 12万円/年まで)
・資格試験の受験料を会社が負担(同一資格で最大 2回/年まで)
・働き方の改善(ワークスタイル改革)を行う
・会社での勤務のほかにリモートワーク/テレワークを推進する
・スマートフォンやタブレットからのアクセスも可能のする
・就業時間を見直し、タイムカードを廃止する
・ワークライフバランスの充実を図る
・誕生日休暇制度の創設
・長期休暇制度の創設(4連休あたり、1日の休暇を追加補てん)
・家族旅行のための旅行代金の一部負担(最大 10万円/年まで)
弊社の今年の取り組み
・競争力を高めるために資格試験にチャレンジする
・資格取得の研修テキストを会社が負担(最大 10万円/年まで)
・資格取得のための学費を会社が負担(最大 12万円/年まで)
・資格試験の受験料を会社が負担(同一資格で最大 2回/年まで)
・働き方の改善(ワークスタイル改革)を行う
・会社での勤務のほかにリモートワーク/テレワークを推進する
・スマートフォンやタブレットからのアクセスも可能のする
・就業時間を見直し、タイムカードを廃止する
・ワークライフバランスの充実を図る
・誕生日休暇制度の創設
・長期休暇制度の創設(4連休あたり、1日の休暇を追加補てん)
・家族旅行のための旅行代金の一部負担(最大 10万円/年まで)

右はビシッと視線が向かいませんか？　左は、読まないと向かわないですよね。これが大きな**視点誘導の差**なんです。読まないと情報が見えないなんて、その時間がもったいないです。視点誘導は非常に素早く行なうために、**ステップダウンでメリハリをつけて、空白行を置いてください。**普通にプレゼンテーションのスライドを作るとやっぱり左のスライドができるんです。めいっぱい情報を埋め込もうとするんですね。空白行を入れるというのはなかなかできない。なぜか。空白っていうのは、いわば「仕事をしていない空間」です。だから、無意識のうちに入れたくないと思ってしまうんですね。情報で埋めようとする。

でも正しくは、空白行を置き、視点誘導のためのメリハリをつける。そうすると説明をしているところに視線がビシッと向かうようになります。

箇条書きは説明ではなく単純な言葉に

■ 可能な限り１行に収める
■ 文章ではなく体言止め
■ 句読点を可能な限りつけない（もしくは統一）

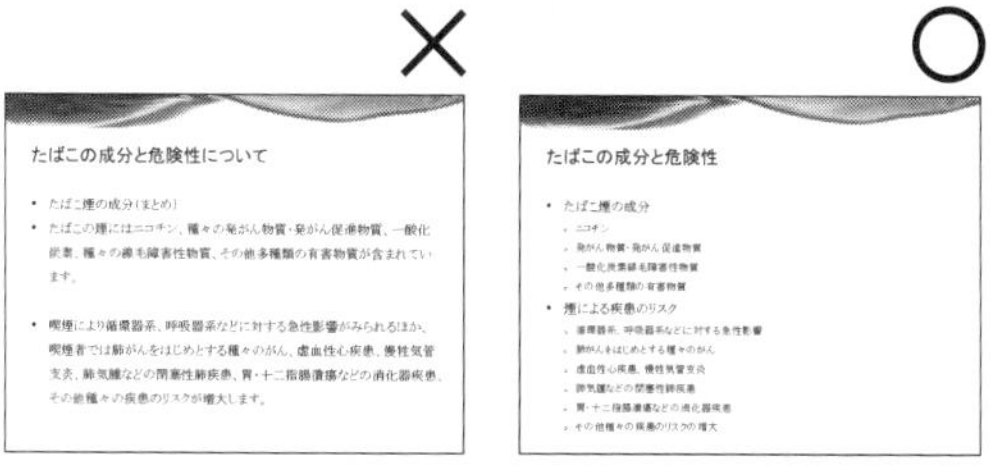

箇条書きは説明ではなく単純な言葉に

箇条書きを使う場合、可能な限り1行に収めてください。だらだらと長い文章では箇条書きにする意味がありません。単純な言葉で簡潔に表現するためには、**体言止めを使ったり、句読点を可能な限りつけない、といった工夫**があります。

フォントの特徴を活かす

続いてフォントです。いろいろなフォントがありますよね。フォントには、それぞれ、与えるイメージがあります。たとえば、明朝体系は、やさしい、繊細、丁寧といった印象を、ゴシック体系は力強い、説得といった印象を与えます。

ポップ体はビジネスプレゼンテーションでは使ってはいけません。軽々しすぎます。いくらキャンペーン中で値下げしていたとしても、だめです。プレゼンテーションは明朝体やゴシック体、一番いいのはメイリオですね。

フォントの特徴を活かす

- フォントの表現力
- 「明朝体系」：やさしい、繊細、丁寧
- 「ゴシック体系」：力強い、説得
  - 見出し向き
- フォントの混在は最大でも３種類程度、使いすぎない

フォント名	例	イメージ
明朝体	説得力のあるスライドとは？	やさしい、繊細、丁寧
ゴシック体	説得力のあるスライドとは？	力強い、説得
ポップ体	説得力のあるスライドとは？	派手、目立つ
メイリオ	説得力のあるスライドとは？	やさしい、柔らかい

それから最近は、学校教育にも使われているのですが、**手書きフォント**がたいへん多いですね。代表的なフリーで使える手書きフォントがあります。なかなかおすすめです。

手書きフォントを使うことによって、**プレゼンテーションのスライドが非常にカジュアルに、自然体になる**んですね。手書きフォントは多くの授業やプレゼンテーション大会や発表会で使われています。みなさんも手書きフォントを試してみてください。

さて、フォントが手書きになると、当然ながら図形も手書きで表現したくなりませんか?

大丈夫です。パワーポイントには図形を手書き風にする技術があるんですよ。手書き風を選択して表示すると、手書き風になるんです。そうするとフォントの手書きと図形の手書きとで非常に一体感が高まりますよね。これが、全体がまとまってい

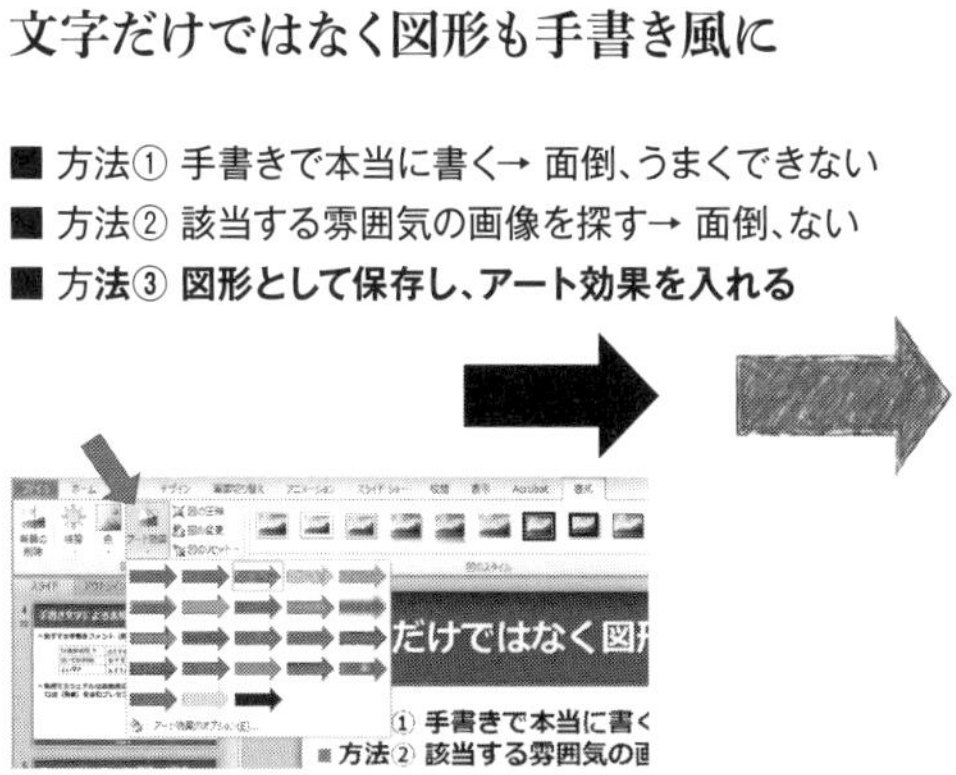
文字だけではなく図形も手書き風に
■ 方法① 手書きで本当に書く→ 面倒、うまくできない
■ 方法② 該当する雰囲気の画像を探す→ 面倒、ない
■ 方法③ 図形として保存し、アート効果を入れる
だけではなく図形
① 手書きで本当に書く
■ 方法② 該当する雰囲気の画

るっていうことなんですね。こんなことが今のトレンドとなっています。手書き風、みなさんもチャレンジしてみてください。

単位なども可能な限り小さい文字にする

右側をご覧になってください。円、キログラム、台……どれも単位の文字サイズが2割ほど、小さくなっています。

数字や他のフォントと比べて単位が2割だけ、小さい。

これはパワーポイントの機能ではないです。単位のところにマウスを持っていって、ちょんちょんちょん、小さくしなければなりません。そうすることによって数字が見やすくなるんですね。見やすいということは、数字への視点誘導が非常にやりやすくなるということです。左より右のほうが数字が読みやすいですよね。そういうテクニックなんです。

単位なども可能な限り小さい文字にする

■ 円、台、人、位、%、長さ、重さなどの単位は
小さいほうが見やすい

■ あるいは数字を大きくする（ただし行間に注意）

今年度の売上の概要

・100円より 200円の商品が好調
・550kg以上は割引率が高い
・4200台までが限界
・1200人に客数を大幅拡大

今年度の売上の概要

・100円より 200円の商品が好調
・550kg以上は割引率が高い
・4200台までが限界
・1200人に客数を大幅拡大

他の方法もあるでしょう。たとえば、数字のフォントサイズを大きくする。これでもいいですよ。よくチラシとか折り込み広告に使われています。ただその方法を使うと、行間が乱れるんですね。だから私はあまりお勧めしていなくて、単位を小さくする。私のスライドでは一貫して単位を小さくしています。

自然な目線移動に逆らわない

次は矢印。矢印はプレゼンテーションのスライドの中でも、たいへん重要な役割を担います。私たちはパワーポイントのスライドを左から右、上から下に眺めます。だからパワーポイント中に存在する矢印はなるべくその自然な視線の移動に逆らわないでください。

ひとつだけ例外があって、右肩上がりというのはものすごく印象がいいので、右肩上がりにするのはＯＫです。特に、エグゼクティブは右肩上がりが大好きです。大げさなくらい右肩上

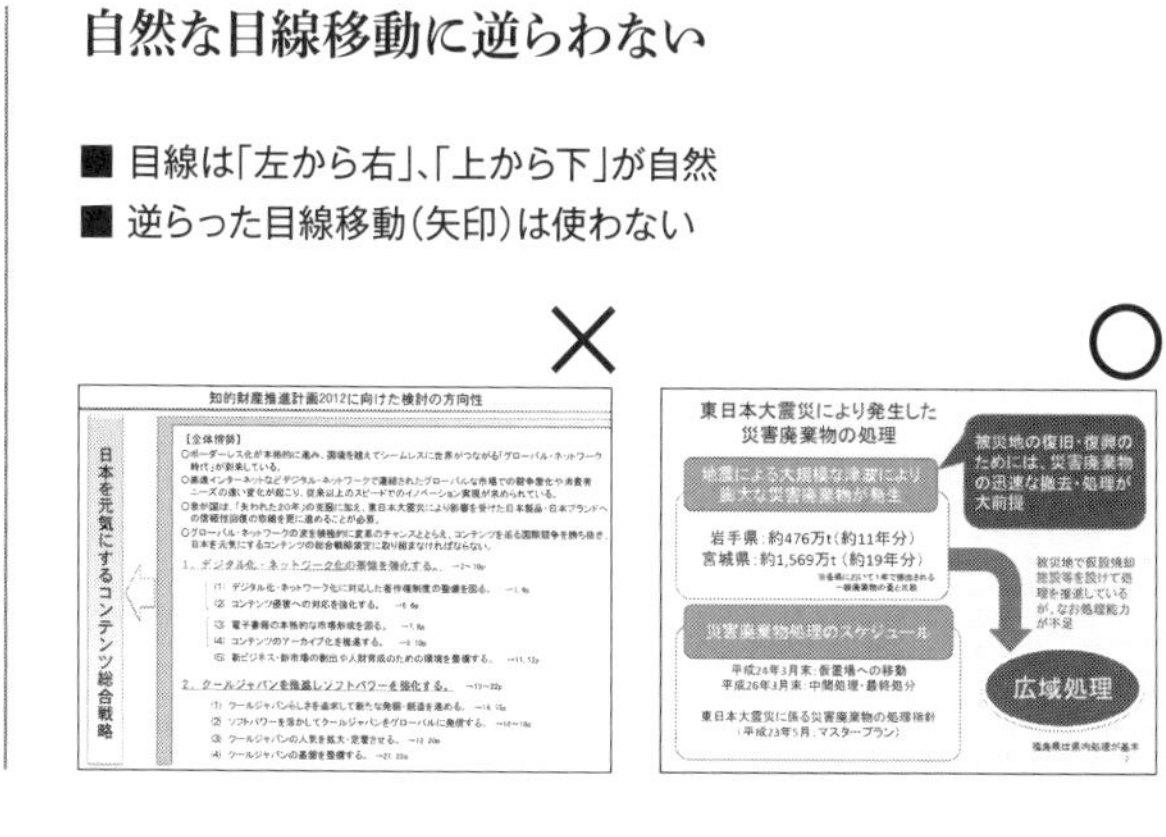

がりで矢印をつけるのもアクセントになります。

エグゼクティブ向けの右肩上がり —— この例外をのぞいて、矢印はやっぱり左から右、上から下に流れていると読みやすいものです。

93頁の例を見てください。矢印が右から左に出ているんですよ。しかもこれ、よりによってクリックをしたら矢印が出てくるんです。最悪です。いったい誰が作ったのか……。あっ、また政府ですね（笑）。

とにかく、矢印というものは、自然な視線の移動に逆らうことがないように、上手に組み立てていただきたいと思います。

余白より空白

下図の左をご覧になってください。余っている白、字のごと

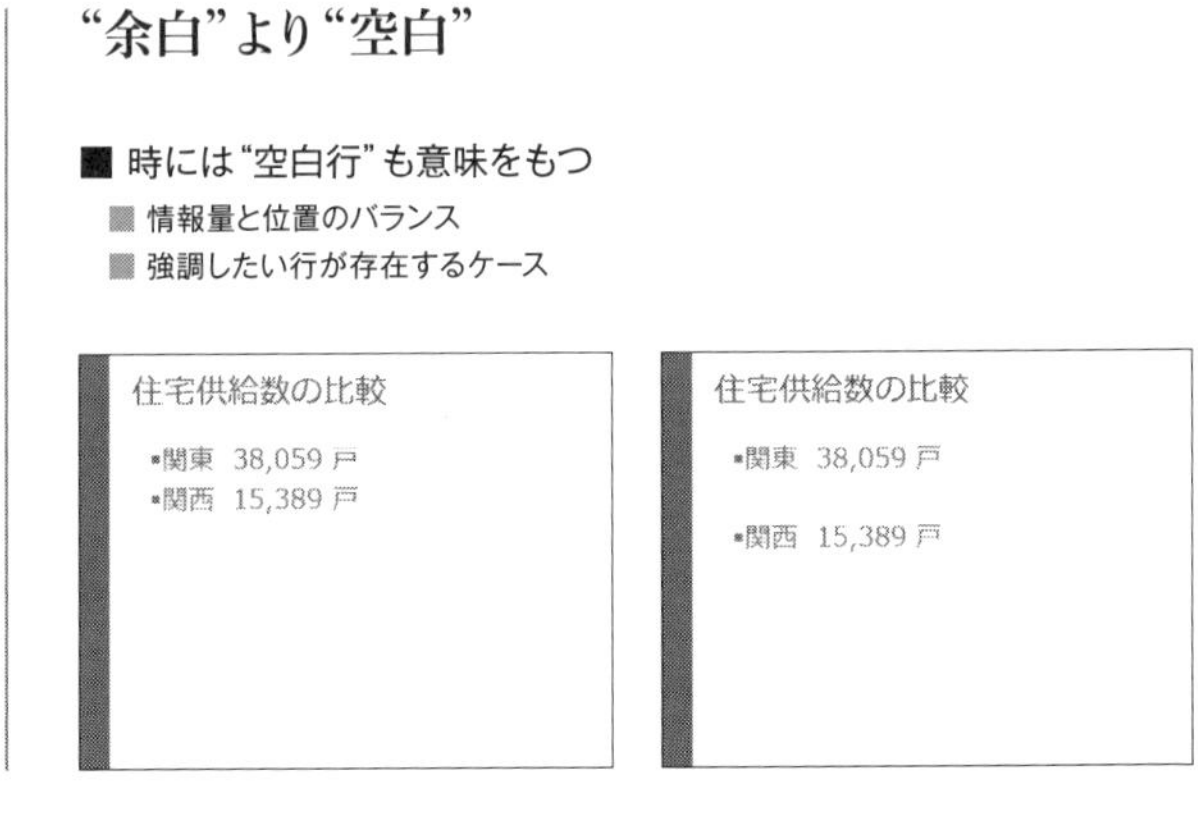
“余白”より“空白”
時には“空白行”も意味をもつ
情報量と位置のバランス
強調したい行が存在するケース
住宅供給数の比較
•関東 38,059 戸
•関西 15,389 戸
住宅供給数の比較
•関東 38,059 戸
•関西 15,389 戸

く。余白。右をご覧になってください。空けてある白があるんですね。これを空白といいます。プレゼンテーションのスライドで情報が少ないと上に寄りますよね？

そんな時、**「余白を作ってしまった」って思ったら試しに空白をつけてください。**空白をつけることによって行間が空いて、視線移動がしやすくなります。もうひとつ、いいことがあります。メモが取りやすくなるんです。ですから、空白行を入れるってけっこう重要なんですね。

タイトルと全く同じ1行目は不要

けっこうみなさん、これをやってしまっていませんか。日本人にすごく多いんです。パワーポイントのタイトルと同じまったく同じ内容が1行目に展開されているというケースです。

たとえばマイクロソフトの場合、スライドに「Office

> **タイトルと全く同じ１行目は不要**
>
> ■ スライド中に存在するタイトル ＝ スライド本文１行目はもったいない
>
> ■ できれば、スライド本文１行目は
> - より深く訴える / 伝える別の言葉で定義
> - あるいはいきなり内容に入るべき

365のユーザー比率」というタイトルがあって、その下に「Office365のユーザー比率のご紹介」なんて書いてあって、さらに、「Office365のユーザー比率」というタイトルのグラフがあったりすると。これ、どれだけ同じことを言っているんですかと。もったいないです。

パワーポイントのスライドの面積は限られています。だから、みなさんにアドバイスをしましょう。これは**重複排除**という考え方です。

文で説明しないで、キーワードで代用する

左を見てください。

おやつの時間になったら選びましょう。

次の3つの**ケーキ**からあなたは好きなおやつを選択できます。

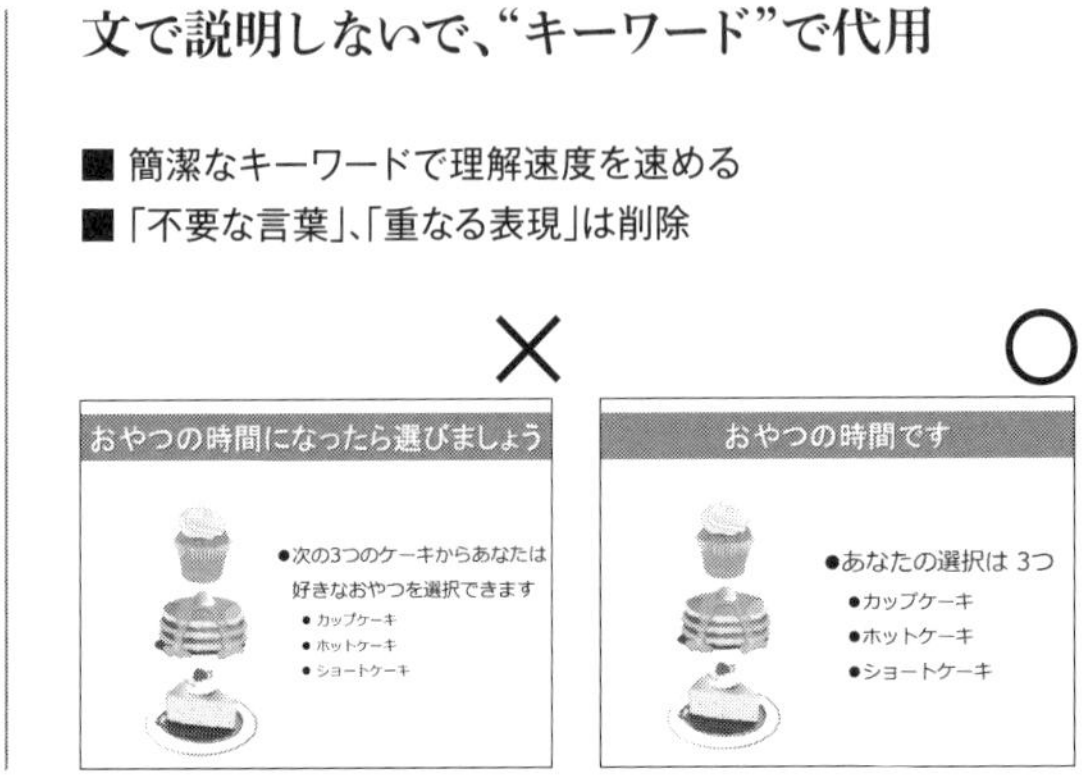
文で説明しないで、“キーワード”で代用
■ 簡潔なキーワードで理解速度を速める
■ 「不要な言葉」、「重なる表現」は削除
×
○
おやつの時間になったら選びましょう
●次の3つのケーキからあなたは
好きなおやつを選択できます
● カップケーキ
● ホットケーキ
● ショートケーキ
おやつの時間です
●あなたの選択は 3つ
●カップケーキ
●ホットケーキ
●ショートケーキ

カップ**ケーキ**、ホット**ケーキ**、ショート**ケーキ**

これ、重複していますよね。**おやつ**の時間だと言っているのに、**おやつ**を選べって言っているんですよ。**ケーキ**しかないのに**ケーキ**を選べと言っているんです。**選びましょう**。**選択できます**って言っているんですね。

その重複を全部排除すると右になるんです。右のほうが、行動がすぐに起きます。

これが重複排除という考え方です。スライドをレビューするときには、この重複排除の視点をもってください。要はパワーポイントの1枚の中に同じものを入れるってもったいないってことですね。視点誘導のための、面積は限られています。だから重複を削っていくんです。

でも、なかなか右のような図を作るのは難しいです。

なぜか。一度書いた文言を消すっていうのはなかなかできないんです、もったいなくって。だからレビューをするには、他人にやってもらったり、同じ文言が重複していないかということを意識してレビューすることが重要です。

グルーピングを意識する

下の左をご覧になってください。

カップケーキ材料、ホットケーキ材料、ショートケーキ材料。縦に分かれていますよね。ところが、下のイラストでは種類が横に分かれています。これはグルーピングが完全に無視されていますね。

正しいグルーピングは右のスライドです。全部、同じところでグルーピングされていて縦に分かれていますよね。だから情

グルーピングを意識する

■ ひとつのエリア（領域）で説明できるようにグルーピングをし、視線を散らさない

報がまとまって見えています。

でも右は作れないんですよ。普通に作ると左になるんです。なぜかわかりますか？

普通に作るプロセスはこうです。最初に表組を作ります。そこにケーキの種類を入れて、材料を入れます。そして余っている余白にイラストを持ってきてペタペタと貼っていく――そうやって作るから左になってしまうんです。

でも左はグルーピングを完全に無視しているんですよね。だから右を目指してください。これなら、視点誘導が散らない。少し難しいかもしれませんが、がんばって意識してみてください。

強調したい行は強調してもよい

表を見てみましょう。左と右は同じことを言っています。

これは世界遺産が大変多いイタリアにぜひ訪れてくださいっていう説明をしているんですね。ちなみに左の表で説明しますと、

「世界遺産が大変多いイタリアに、ぜひ訪れてください」

うーん、イタリアねえ。でも、すぐ下の中国も気になりますよね。スペインだって気になりますよね。ドイツも気になる。

これを右の表で説明をすると、比較的、長い間イタリアに目が留まります。仮に視線が下に行ってしまったとしても、もう一回イタリアに戻ってくる可能性が高い。つまり、**視点誘導を固定化**しているんですね。

強調したい行は強調してもよい

■ 同じ条件で表を作る必要はない

世界遺産の大変多い“イタリア”

国名	数
イタリア	49
中国	45
スペイン	44
ドイツ	38
フランス	38
メキシコ	32
インド	30
イギリス	28
ロシア	25
アメリカ	21

世界遺産の大変多い“イタリア”

国名	数
イタリア	**49**
中国	45
スペイン	44
ドイツ	38
フランス	38
メキシコ	32
インド	30
イギリス	28
ロシア	25
アメリカ	21

フォントを拡大
背景色を利用

これは海外のスライドでよく使われる手法です。デフォルメといいます。見せたいところに強調を持ってくる。論文や調査報告書といった文書でない限り、使ってかまわないテクニックです。

表よりグラフ、グラフより美しいグラフ

でも、表にするぐらいだったらグラフのほうがいいですよね。グラフも、より美しいグラフのほうがいいですよね。最近はグラフの作り方も変わってきました。

ちょっと見てみましょうか。一番左。これは、私、昭和のグラフって呼んでいるんですが（笑）。こんなグラフを作ってはいけませんよ。昭和か！って言われちゃいますよ。

真ん中はどうでしょう。今風のグラフですよね。右側も今風のグラフですね。

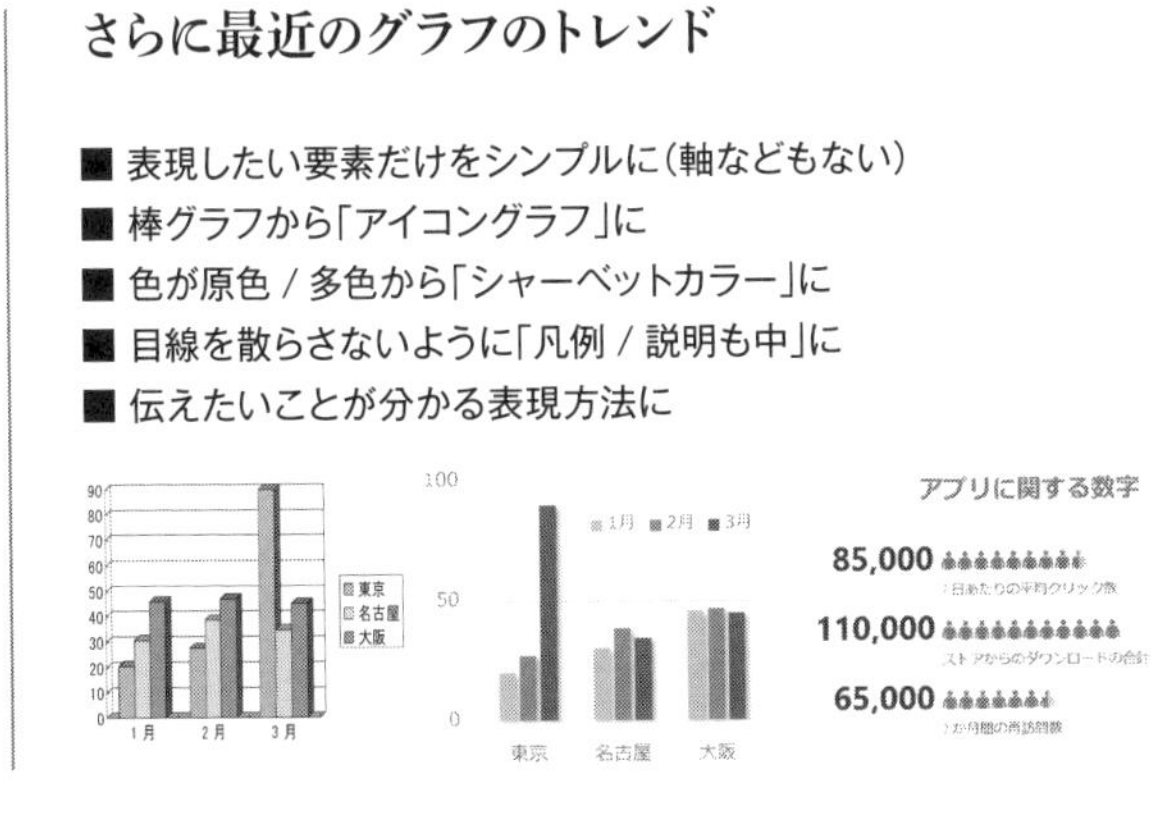
さらに最近のグラフのトレンド
■ 表現したい要素だけをシンプルに（軸などもない）
■ 棒グラフから「アイコングラフ」に
■ 色が原色 / 多色から「シャーベットカラー」に
■ 目線を散らさないように「凡例 / 説明も中」に
■ 伝えたいことが分かる表現方法に
東京
名古屋
大阪
1月
2月
3月
100
50
0
アプリに関する数字
85,000
110,000
65,000

実はここ数年でグラフの作り方も変わってきているんです。どういう風に変わってきているか。表現したい要素だけになってしまった。つまり、軸のメモリがなくなったんですよ。

立体も今となっては時代遅れです。もうグラフを立体で使ったりはしませんよ。今はフラットの時代です。影がついているだけなんです。これがトレンドなんです。

色は昔、昭和が原色を使っていたんですよ。今はちがいます。淡い色を使います。しかも、パステルカラー、なんて言わないんですよ。シャーベットカラーって言うんですよ。

そして、ある特徴がある。昔は凡例が横にあったんです。今、凡例はグラフ中にあるんですね。

実はこれで視点誘導が楽になったんですね。

おもしろいもので、プレゼンテーションのスライドの中のグラフまで変わってくるんです。これが今のトレンドです。トレンドはこれからもどんどん変わってゆくでしょう。

いずれにせよ、パワーポイントでグラフを作るときは、かならずトレンドに合わせてください。トレンドに合わせるためには、常に最新のパワーポイントをお使いください。だめですよ、パワーポイント２００７とか使っていたら（笑）。

複数の要素を盛り込まない

１つのスライドには１つのトピックだけを入れてください。あまり多くを盛り込みすぎると、注意が散漫になってしまいます。これも視点誘導の観点からのアドバイスです。

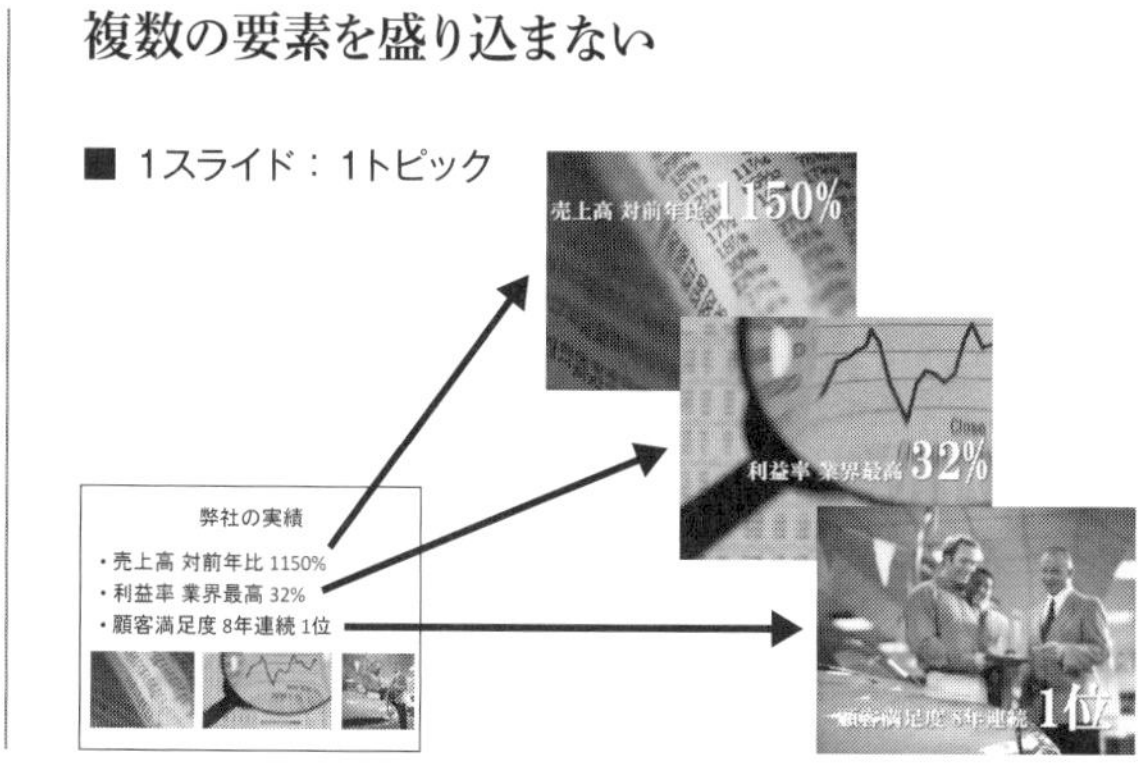

画像や写真を際立たせるテクニック

ここまで読んできたみなさんですから、視点を誘導する、すなわち視覚に訴えることがいかに重要か、わかっていただけたことと思います。スライドのテクニックの最後として、画像や写真を美しく目立たせるための方法をご紹介しましょう。

まずは、画像に影をつけて陰影をつけましょう。ドロップシャドゥといいます。

図形を指定したら、書式メニューの中に図の効果があります。そこに影をつける機能が入っています。

光っているものには常に影があります。ぜひ、画像には影をつけてください。

また、余分な背景を削除することで画像を際立たせるクリッピングというテクニックがあります。

画像(写真)を際立たせるテクニック

- ドロップシャドゥ(影)
- クリッピング(背景の削除)

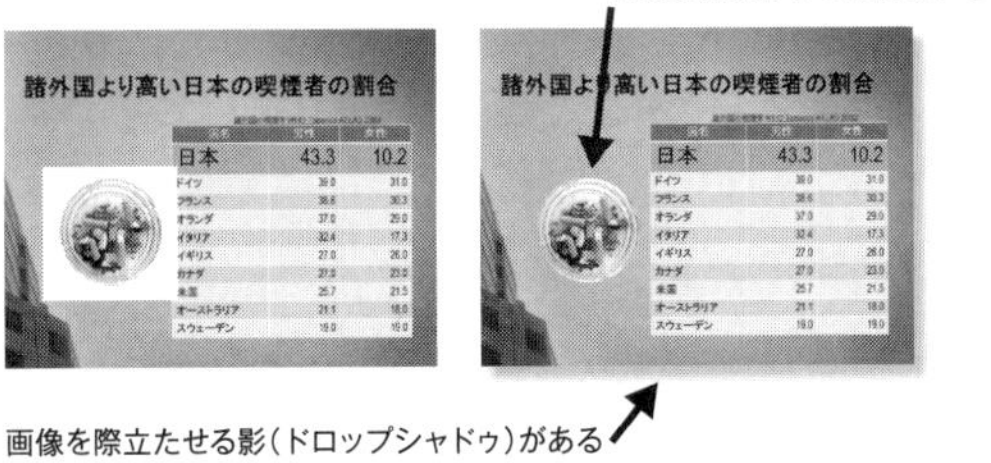

こちらも、書式メニューのいちばん左に背景の削除があります。

エッジの活用

画像にエッジが存在している場合、エッジを活用してください。エッジとはヘリ、角、端っこのことです。エッジはスライドのエッジとともに活用してください。

具体的には、エッジ部分をスライドのエッジつまり左下に合わせてみればいいんです。

エッジがなかったら？　エッジを作ればいいんです。

たとえば横棒を入れる。その棒の上に図形のエッジを持ってくる。

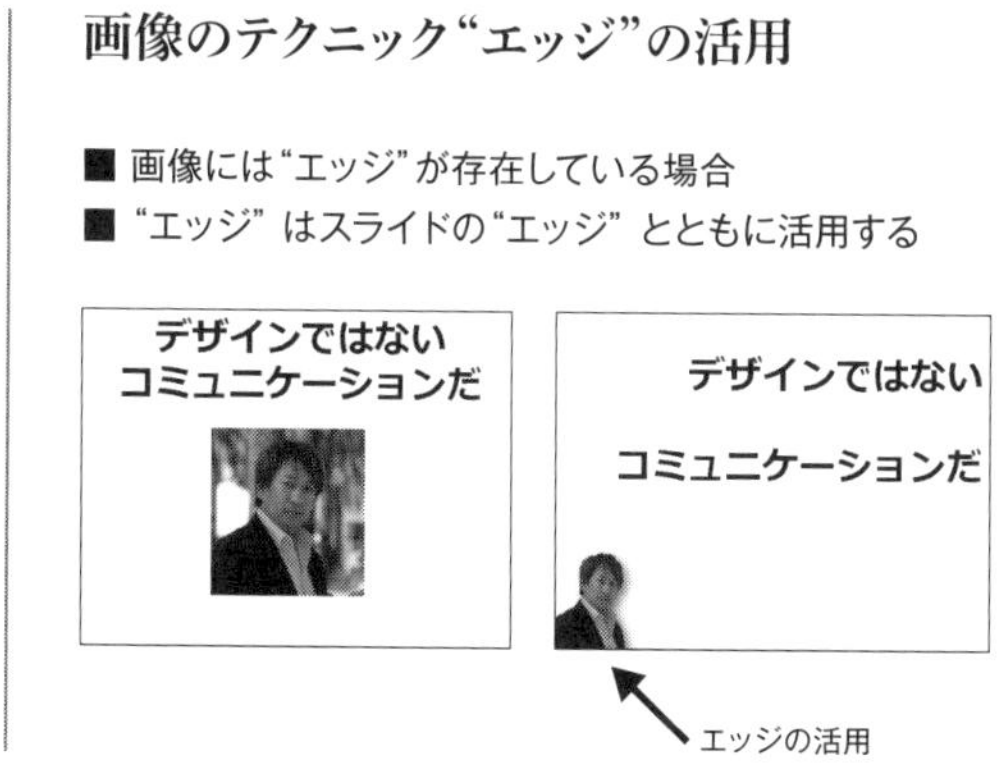
画像のテクニック"エッジ"の活用
■ 画像には"エッジ"が存在している場合
■ "エッジ" はスライドの"エッジ" とともに活用する
デザインではない
コミュニケーションだ
デザインではない
コミュニケーションだ
エッジの活用

背景の写真とテキストとを分離する

背景に文字が存在している場合、背景と文字の色が類似している場合、そして背景に奥行きを持たせたい場合、背景の画像や写真に半透明マスクをつけ文字を分離しましょう。ぐんと見やすくなったと思います。

アニメーションは極力使わない、もしくは多用しない

パワーポイントのアニメーション機能は、極力使わないでください。……と、マイクロソフトの人間である私が言うのもなんですが(笑)、私はパワーポイントのアニメーションは使いません。アニメーションに頼るのはあまりよいことではありません。なぜか？

アニメーションというのは、印刷されません。そして、あれ、

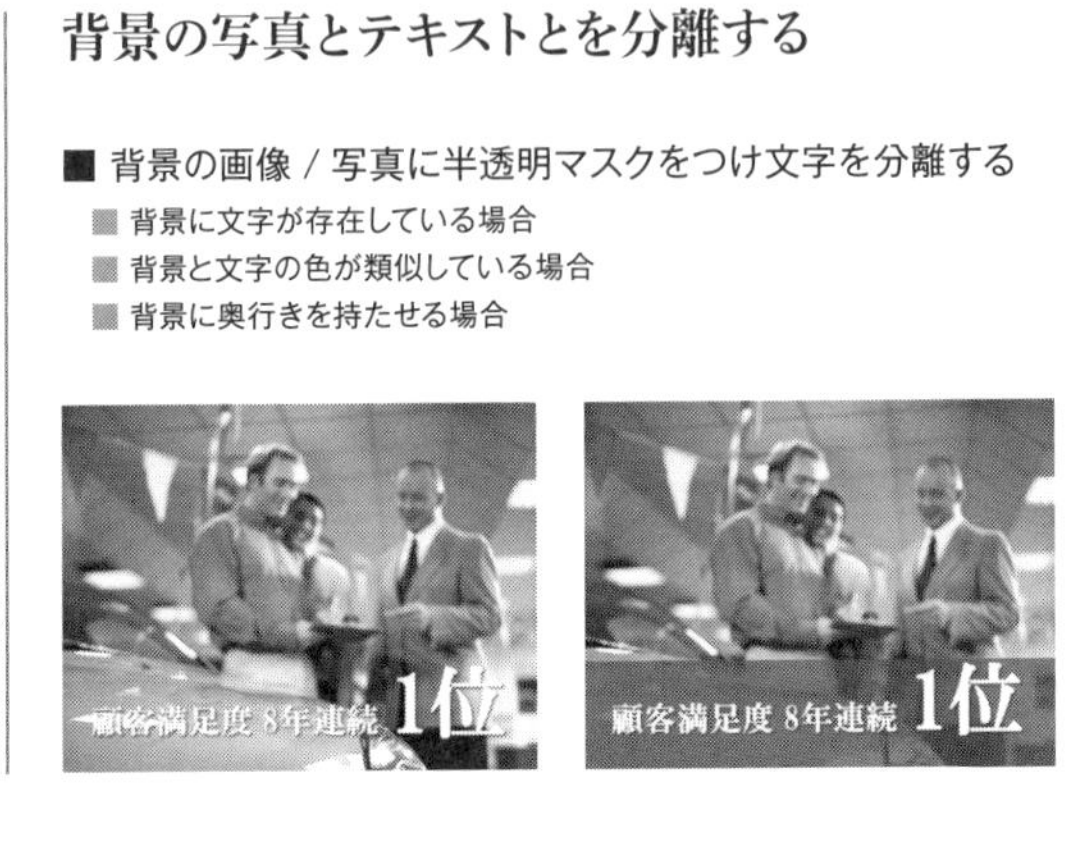
背景の写真とテキストとを分離する
■ 背景の画像／写真に半透明マスクをつけ文字を分離する
背景に文字が存在している場合
背景と文字の色が類似している場合
背景に奥行きを持たせる場合
顧客満足度 8年連続 1位
顧客満足度 8年連続 1位

これどうやって動くんだっけ？ なんてクリックしまくったり、「戻る」を押してしまったりと、ハプニングが起こりがちなんですね。

ただし、機能を説明するためのアニメーションは使ってもよいでしょう。でも演出のために使うのは避けてください。

そして、画面切り替えのアニメーションを多用しないでください。もしどうしても使いたいという場合は、ここぞ！ という1、2シーンのみにとどめてください。

スライドは、手間をかけずに効率よく

以上、スライドを作るためのちょっとしたヒントをご紹介しました。このヒントをもとにスライド作りを工夫しよう、ということになったときに、それが6時間かかるというのなら、やらないでください。でも、ここで紹介したヒントはだいたい5

PowerPoint アニメーション

- PowerPoint アニメーションを多用しない
  - 機能を説明しているアニメーションは○
  - アニメーションによる"みのもんた方式" は効果あり
  - ただし
    - ・演出のためのアニメーションは控えた方が良い
    - ・自分のアニメーションは自分にしか使えない
    - ・印刷時のことをちゃんと考える
- 画面切り替えのアニメーションを多用しない
  - 画面切り替えのアニメーションは統一する
  - 「ここぞ！」という 1、2 シーンのみが画面切り替えの演出時

分もかければできるようなことばかりです。

スライドを作るための時間はなるべくコンパクトにし、効率的なスライド作成を目指していただきたいと思います。

Chapter 4

魅力ある話し方

話術のテクニック

さて、ここからは、私がもっとも大事にしている話術のテクニックについて進めていきたいと思います。話術のテクニックですから、みなさんの目の前で私が話します。何を話すかというと、先ほどのオーソドックスなりんごのスライドを使って、2回、しゃべりたいと思います。

なぜ2回話すのか？

1回目はふつうに話します。2回目はプレゼンテーションのテクニックを使います。同じスライドで2種類の話し方です。最初は、どんなテクニックを使ったかとか、何が違うかどうか、あまり深く考えなくて大丈夫です。ただ、聞いてみてください。テクニックについては後で解説します。では1回目です。

「今日は津軽産りんご、さんさのご紹介をしたいと思います。

酸味と甘みがほどよく調和したすっきりとした味わいの

オーソドックスプレゼンテーションを実演

■ オーソドックス型の特徴のおさらい

- タイトル / 見出し / 本文 / 図版 / 表 / グラフが適切な大きさで配置されている
- 伝えたい内容が少なく、シンプルに表現されている
- 文字が見やすい、読みやすい

■ 2回のプレゼンテーション実演

- 1回目テクニックを使わない例
- 2回目テクニックを使った例

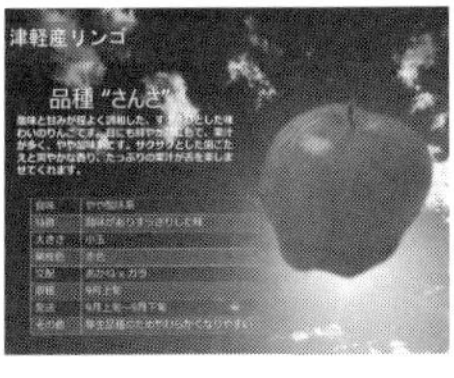

りんごです。目にも鮮やかな紅色。果汁も多くてやや酸味系です。サクサクとした歯ごたえとさわやかな香りなんですね。たっぷりの果汁が舌を楽しませてくれます。

　大きさはこのこぶし大くらい、小玉といいます。赤りんごです。交配はアカネとガラを交配して作りました。収穫は9月の上旬くらいを予定しております。ですから9月の上旬から下旬くらいにお届けをしたいと思います。

　このりんごですが、やわらかくなりやすいというのが特徴となっております。お手元に届きましたら、お早目にお召し上がりください。

　今年の秋、津軽産りんご、さんさを楽しみにしていてください。


これが1回目のプレゼンです。まあ、問題ありませんよね。ふつうのプレゼンです。続いて、2回目のプレゼンいきます。

「今日はみなさんに、大変おいしいりんごのお話をお届けしたいと思います。」

さんさ、と名付けられたりんごです。ご覧ください、真っ赤。これがこのりんごの特徴なんです。そして大きさは小玉、といってだいたいこのくらい、こぶしくらいの大きさなんですね。このこぶし大のりんごが真っ赤に色づき始めるのが9月の上旬くらいです。

ところで、このさんさというりんごは比較的新しいりんごなのですが、新しい品種を生み出すためにはどういう風に作っていくと思いますか？ 実は交配をするんですね。

私たちが交配をしたのはアカネとガラ。この2つを交配して生まれたのがさんさ。大変おいしいりんごが生まれました。

歯ごたえはサクサク、果汁はたっぷり。香りはさわやかで後味はすっきり。

このりんごが実り始めるのが9月上旬。なので、このおいしいりんごを味わっていただくことができるのは、9月の上旬から下旬ころになります。

みなさんのご家庭にこのりんごが届きましたら、どうぞ新鮮なうちにお召し上がりくださいね。

「ぜひ、今年の秋、あと4カ月後くらいですね、この津軽産りんごさんさを味わっていただきたいと思っております。」

これが2回目のプレゼンテーションです。2回目のほうがうまく感じられませんか？　何が違うんでしょうか？

1回目のプレゼンテーションはスクリーンやパソコンの画面ばかり見ていた？

2回目はお客様の方ばかり見ていた？

まあ、そうですね。1回目のプレゼンテーションはあまり動かなかった。2回目は大きく動いた。まあ、そうでしょうね。

こうしたことには、全部ちゃんとした理論に基づいたテクニックがあるんです。それを今からひも解いていきましょう。

お客様の顔をどうやって見るか?

よく、「お客様の顔を見て話をしなさい」っていうじゃないですか。でも、「お客様の顔を見て話をしなさい」っていうのはテクニックではないんですよ。そんなのはテクニックじゃない。

たとえば、東京マラソンを完走したい、と考えた人がマラソンの練習をするとしましょう。本屋さんに行ってマラソンの本をぱっと開いて「マラソンを走るとは、42・195キロを走りぬくことである」と書いてあったとしたら? まあ、それはそうかもしれませんが、それはテクニックではないですよね。テクニックというのは、どうやったら42・195キロを速く走りぬけることができるかっていうことなんです。

だからプレゼンテーションもどうやったらお客様の顔を見て話ができるかってことを学ばなければいけない。お客様のほうを向きましょう、なんて書いてあるのはテクニックじゃないんですよ。**どうやったらお客様の顔を見ることができるか、**なんですね。そういったことを今からひとつひとつひも解いていきたいと思っています。

自分の想像を超えて動く

まずはプレゼンテーションは、**堂々、はっきり、指先、笑顔。**プレゼンが上手と言われている人は、指先を上手に使っています。動きです。

動きにはある定義があります。**自分の想像の範囲を超える**という定義なんですね。

1回目のプレゼンテーションを思い出してください。動いていたんですよ。どちらかというと1回目のほうがよく動いていたんです。すごく動いていました。ただし、演台の範囲内で。

棒立ち / じっとするのではなく動く

■ 自分の想像している以上に動く（想像の範囲を超える）

■ 話をしながら左右に動く

▩ 自然な視線誘導

■「接続詞」で振り向く動作は効果的

▩ 自然な主人公（主役）の雰囲気

▩ 効果①：資料にない接続詞で相手を見るチャンスを生み出す
▩ 効果②：振り向くことで“見てくれている”という感覚を与える

私はとても動いていたつもりでした。でもこれは動きとは言わないんですね。これを何て言うと思います？　これは**クセ**。

動きではなくクセになると、アンケートのフリーコメントこう書かれるんです。「講師に落ち着きがない」「講師がめざわり」「ちょこまか動いて気が散る」。

本人は動いているつもりでも、これではマイナスイメージです。動きというのは自分が与えられている想定の範囲――この場合だったら演台――を超えなければだめなんです。でないと、動きとしては認められません。想定の範囲を超えられないのだったら、やめたほうがいいです。中途半端に動くくらいだったら、動かないほうがましです。

動きは大きくしてください。

1回目のプレゼンテーションで、りんごの大きさは、手でこぶしを作って、ちょうど顔の位置くらいに掲げていました。そんな高さじゃ、伝わらないんです。そんな中途半端ところに視点なんて集まらないですよ。握りこぶしを作ったら、腕をめいっぱい伸ばして大きく掲げてください。想像しているよりも高いんです。ここです。この位置なんです。これが動きなんです。

動きというのは、みなさんの思っている想像の範囲をグッと超えて動いてください。大きく動くことにより、プレゼンテーションにダイナミックにみせることができるんですね。

接続詞で振り向く

実は、お客様の顔を見るにはコツがあります。それは、**接続詞で振り向く**というテクニックなんですね。今、私は、「**実は**」「**それは**」で振り向きました。振り向くといっても大げさにやらなくて結構です。軽く振り向くので大丈夫です。なぜ、接続詞で振り向くのがいいのか？　この「**なぜ、**」で振り向きます。しつこくしてごめんなさい（笑）。「**実はですね**」と言いながら振り向く。これクセになるんですけども（笑）。テレビとか映画でも接続詞で振り返りますよね。非常に注目される方法だということがわかりますが、プレゼンテーションにおいてもある効果があるんですよ。

ちょっとやってみましょうか。私は手元のPCを見ながらお話をしています。でも、接続詞のときだけ振り向く、この場合の「振り向く」は顔を上げる程度の軽い振り向きです。そして、**顔を上げたタイミングでお客様の顔を見てください。**

というのも、接続詞は、プレゼンテーションのスライドには書いていないですよね。書いていないですから、読まなくていい。だからその時だけ、お客様の顔を見るようにしてください。じゃあ行きますよ。パソコンの画面や紙やスクリーンを見ていてもけっこうです。接続詞だけお客様のほうを向いていきますね。やってみましょう。

「　**それではまず、**最初にこちらの項目をご紹介させていただ　」

［だきます。こんなことや、こんなことがありますね。］

［**続いて、**こういった項目です。ちょっと難しくなってきますね。］

［**そして、**最後にご紹介するのはこちら側ですね。］

［**さて、**みなさんいかがでしたか、本日の説明は？］

今、接続詞のときだけ振り向く＝顔を上げました。**接続詞のタイミングだけでお客様を見ることによって、「ちゃんと顔を見ている」という印象を与える**ことができるんです。この程度でいいんです。これならできそうだと思いませんか？

プレゼンテーション中にずっとお客様の顔を見ていろというのはなかなか難しい。そんなの無理ですよね。紙に書いてあることを見たいし、他人が作ったスライドかもしれないし、読むのに一生懸命ですよ。だったら読んでいてもいいんです。

でも、接続詞で振り向いてみてください。そうすることによって、プレゼンテーションが非常に生き生きとしたものになって、お客様のほうを向くことができます。

手の動き

特に手の動きは重要です。手というのは、どういう働きをするか。ダイナミックに見せる、引き込む、自分を大きく見せる、指を指して視点誘導する、それ以外にも、叩いて音を立てる。

海外ではプレゼンの際に、こめかみに人差し指と中指をあてたりします。「今、考えているんだけど」っていうジェスチャーですね。そして、「そうだ！」――指を鳴らして「今、閃いた！」というジェスチャーに持っていくんですね。最初から知っているはずなのに（笑）。

日本人がそこまでやるのは大げさだと思われてしまう恐れがあるので、あまりお勧めしませんが（笑）、要は、プレゼン

棒立ち / じっとするのではなく動く

- 自分を大きく見せる
- **言葉を体（手）で強調する**
  - **手を上げるだけでもいい**
- **相手を引き込み、一体感を見せる**
  - **両手で抱え込むようにするだけでいい**
- 発言を促す
- 視点を誘導する
- **活発な発言をイメージさせる**
- **音を立てる**
- **考えているふりをする**

テーションにおいて手というのは非常にさまざまな役割を果たすんですね。手を動かすだけでなく、しぐさをつけたり、音をたてたり、いろいろ試してみてください。

手はどんな風に使うといいか？

ポケットに突っ込むのはいけません。手は前で動かしてください。時には何かを包み込むように、指し示すように、またある時には何かを差し出すように、あるいは指の先から糸を出すように、風を切るように……いろいろありますが、前で動かすことによって活発なプレゼンテーションであると相手に意識づけることができます。

特に手を動かしてほしいのが、次のようなシーンです。
まずは位置や場所を示すシーン。

「みなさんはどこから来ましたか？
飯田橋から来ましたか？」

プレゼンテーションの手の位置〈大人数〉

■ “手”には伝えたい気持ちが表れる

- **前で組む：一般的な位置、へりくだった丁寧な位置**
- 後ろで組む：やや上から目線、やや強い意思表示
- 横で腰に手をあてる：説明、解説、説得、自慢
- 横：（意思が不明）
- 腕を組む：やや上から目線、説得、否定、自慢
- ポケットに手を入れる：欧米ではあるがあまりお勧めしない
- 揉み手：お願い、お詫び、丁寧、営業トーク、褒める
- **前で動かす：活発なプレゼンテーション**
- **物や体に触れる（紙／ペンなどは除く）：迷い、自信のなさ**

■ 手を動かしてほしいシーン

- 位置や場所、立場を説明するとき（自分と相手、まわり）
- 数が含まれる言葉の時、順序やカウントをする時

「後方の出口のほうなんですけど……、
……という具合ですね。位置や場所です。
続いて、立場です。」

「私は、
みなさんは
私の上司が、
我々の部下は、」

このように立場をあらわすときも手を使ってみてください。
位置や場所や立場をあらわすときは、かならず手を使ってください。

続いて、数字が含まれる場合です。

「私は実は今週、お酒を3回くらい飲みに行ってしまって、
ちょっと疲れてるんですよね。」

「今日は校舎の3階で授業をしています。」

こうした数字が含まれているもの。あとは順序です。順序の時には指を使ってください。こういう時です。

「飯田橋のこのオフィスに来るには、最初にJRを乗り継いで、その次に地下鉄に乗りついで、最後はタクシーに乗りました。」

これが順序です。プロセスごとに指を折り曲げる、あるいは折り曲げていた指を順に立てていくといったように、順序を指で表現してください。

次はカウント。

「私、お酒が好きなんですよね。ビール、ワイン。焼酎。最近はブランデーも飲むようになったんです。」

これがカウントです。

数字があるとき。順序を説明するとき。そして、カウントをするとき。必ず指を使ってください。

日本人はあまり使わないんですよね。海外の人は必ず指を使います。はじめのうちは難しいかもしれませんが、意識して、指を使うっていうことをぜひやっていただきたい。そうすると、ダイナミックで魅力的でより相手に伝わりやすいプレゼンテーションを演出することができます。

あいさつは着地が大切

さあ、プレゼンテーションの中身がはじまります。プレゼンテーションにはあいさつのタイミングが2回あります。最初と最後です。さあ、どっちが大事だと思いますか？

今日、みなさん私がはじめてここに立って、私がどういう言

最初の言葉と最後の言葉だけは決めておく

■ 最初の言葉を必ず決めておく
- 第一声が重要
- その第一声を定番のものにしておく

■ **最後の言葉を必ず決めておく**
- ほとんどのケースでは最後のまとめでジタバタする
- “これを言って終わり”を決めておく
- 例）
  - ・ご静聴ありがとうございました
  - ・お時間をいただきありがとうございました
  - ・きっと皆様のお役に立てることを願ってプレゼンを終わります

葉であいさつをはじめたか、覚えていますか？ こんにちは？ こんばんは？ 初めまして？――覚えてないですよね。そうなんです。**あいさつというのは最初よりも最後のほうが印象に残るもの**なんです。

プレゼンを順調に進めてきました。時間が迫ってきました。時間が終わりになりました。最後のあいさつです。

「えー、時間になりましたので……、以上で、本日は、ええと、お越しいただいて、あう、あう……」。

え、ここまでうまくやってきたのに、そこで詰まるの？ となる人が多いです。もったいないですよね。**最後の言葉はビシッと決めてください。**ビシッと決めるためには慣れていないとだめです。あるいは、あらかじめ準備していないといけません。だったら、準備しておけばいいんです。慣れていなかったら紙に書いておけばいいんです。

最後のあいさつは体操で言えば着地と同じです。最後の着地=言葉を丁寧に決めることで、プレゼンテーションは非常に仕上がりがよいものになります。後味が、全体の印象が変わってきます。プレゼンテーションは終わりの言葉が非常に重要であることを心にとめておいていただければと思います。

「つかみ」と「さぐり」

じゃあ、最初のあいさつは適当でもいいのか？　そんなことはありません。最初のあいさつのテクニックについてお話ししましょう。

最初のことをアイスブレイクと言います。いわゆるつかみですね。**つかみは最初の5分で決まります。**最初の10分で笑わないお客はそのあとも笑わない。途中で笑わせようとすると苦労するか、自虐ネタしかない。もっとも、男も40を超えますと自虐ネタの宝庫ですけれども（笑）、まあできるだけ、自虐ネタ

いわゆる"つかみ"（アイスブレイク）

- つかみは最初の５分、遅くとも10分できまる
- 最初の10分で笑わない客はその後も笑わない
- 途中で笑わせようと思うと苦労するか自虐ネタしかない
- そして自分も最初に笑う（ほほえむ）
- ネタは偶然では生まれない
- 言葉を体（手）で強調する
  - ニュース、新聞、SNS（Twitter/Facebook）
- 便利なTwitter検索（地名、社名、人名）

に頼らずともアイスブレイクの乗り切れるように、ネタはちゃんと仕込んでおいてください。そして、おもしろいことを言ったら、自ら微笑むことも忘れずに。

最初のネタを用意しておけという話なんですけれども、ネタは偶然では生まれません。実は私がやっているテクニックです。ツイッターを使ってください。ツイッターでつぶやくんじゃないですよ。検索を使うんです。たとえば私がＩＩＪさんの飯田橋のオフィスに訪問して、ＩＩＪさんに向けてプレゼンテーションをするんだったら、必ず飯田橋で検索をします。そうすると、新聞には載っていない、ツイッターでつぶやかれた飯田橋で起きた事件、事故、あるいはお祭り、土日の出来事、そんな話がわんさか出てくる。私はお客様を訪問するときには必ず、**地名、相手の社名、アポのある人名、これでツイッター検索をしてネタを集めています。**新聞やニュースでネタを集めるのは今のトレンドではないです。ツイッターで検索することによって、アイスブレイクに備えてください。

ネタは必要、偶然では生まれない

- 「しゃべり」の印象を変えるネタは必要
  - 前日のテレビ番組、ニュース番組、報道番組
  - 直前の自社の（あるいは相手企業の）トピックス
  - 季節感のあるトピックス
- **便利な Twitter 検索（地名、社名、人名）**
- 自虐ネタはOK
- 下ネタは対象者をしっかりと考える
  - というか…基本的にはお勧めしない

ただ、今は実はつかみよりも大事なものがあるんです。それは何かというと、**さぐり**。みなさん、さぐりって知ってますか？ さぐりっていうのは、芸能用語なんですけども、会場の人たちをさぐるっていう技なんですね。

「ＯＨＰ知らないんですか？ え、あなた知らない？ ほんとうに？」

と、会場の人をさぐる。こういうやつですね。これがさぐりです。こうして会場の人とキャッチボールすることで、インタラクティブになるんです。

さぐりの最大の特徴はネタを持ってなくてもいいっていうことなんです。この場で作っていいんです。さぐりがものすごく上手な芸人がいます。中川家。中川家って漫才をするときに、客席をまずいじるんですよね。「わー、今日いっぱい入ってますねー。前のほうだけ」とかですね（笑）。本当にお上手だと思います。あとは綾小路きみまろさん。さぐりの天才ですよね。まあ、あそこまではいかないにせよ、キャッチボールをするこ

"さぐり"の重要性

- ■ 会場の雰囲気を掴む
- ■ 会場とキャッチボールをする
- ■「質問と回答」（後述）のテクニックも良し
- ■ 例）
  - 今日はどちらからいらっしゃいましたか？
  - もう外では雨が降り始めましたか？
  - 花粉が飛び始めましたか？
  - ちょっと眠い時間帯ですね
  - このようなお話は本日で何回目ですか？

とによって、一方的なプレゼンテーションがコミュニケーションになるんですね。さぐりによって、比較的早い段階に会場を温めることができます。

時間を伝える

みなさん、私が19時にスタートしてから、最初に、終了時間を言ったのを覚えていますか？ これもプレゼンテーションのテクニックです。プレゼンテーションの冒頭で今日いただいている時間か、終わりの時間、どちらかを言ってください。つまり相手からいただいている貴重な時間は何分あるのか、何時までなのかを明確にすることで、その時間、相手をビシッと集中させることができるんです。ダラダラやるよりも、今日は21時までお届けします。１００分とちょっとですね……こんな風にあらかじめ言っておくことで、あっという間だという感じが起きる、そういう効果があるんです。**プレゼンテーションの冒頭で終了時間、あるいはいただいている時間を言う。**これがテク

自分のしゃべりの終了時間を最初に言う

■ このプレゼンテーションは 19：00 に終わる予定です
■ 19：00 を目指してご紹介してみましょう

ニックなんです。ぜひやってください。

顧客視点で話しているか？

1回目のりんごのくだりと2回目のくだり、決定的な違いはここなんです。

誰の立場で話しているか？

1回目のりんごのプレゼンテーションはりんごは「届ける」って言いました。気づきましたか？

2回目は届けるとは言っていないんですね。なんで届けると言ってしまうのか？　私はりんごを作っている生産者、農家なんですね。そんな私からしてみれば、りんごは届けるものなんですね。

プレゼンテーションの視点は“顧客視点”

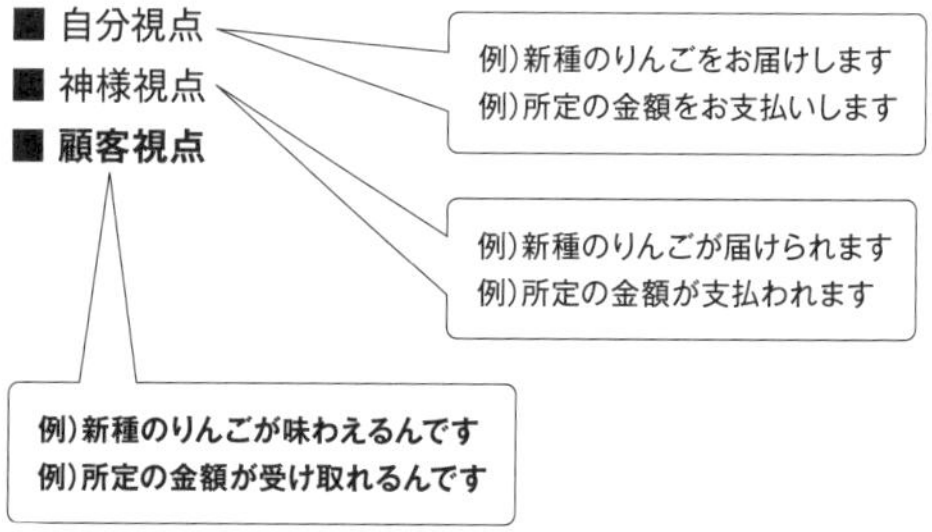
■ 自分視点
■ 神様視点
■ 顧客視点
例）新種のりんごをお届けします
例）所定の金額をお支払いします
例）新種のりんごが届けられます
例）所定の金額が支払われます
例）新種のりんごが味わえるんです
例）所定の金額が受け取れるんです

でもお客様の立場からすると……？　りんごは届けるものではないですよね。お客様にとっては、りんごは、買って、かじって、味わうものです。

だから2回目のプレゼンではりんごは「届ける」とは言っていません。**「味わっていただくことができます」**と言っています。これが2回目です。2回目は誰の立場で話しているか？顧客の立場で話している。プレゼンテーションのレビューをするときにぜひ、これは誰の視点で話しているの？というようなレビューの視点を持っていただけるといいのではないかと思います。

実はこれは、話し言葉だけではなくて、書き言葉でも大切なことです。**その言葉はどの立場から発しているものなのか？**これがあいまいであったり、まちがっている場合がけっこう多くみられます。レビューの際の一つの視点として、ぜひ意識するようにしてみてください。売る側の言葉ではなくて、お客さんの体験に言葉を変えてみようよ、という具合に。

ファクトとオピニオン

プレゼンテーションにはファクトとオピニオンというテクニックがあります。ファクトって何か。事実です。5%という確率、4億円という金額です。これパワーポイントのスライドに書いてありますよね。これがファクトです。揺るぎない事実です。

プレゼンテーションはスライドをただ読み上げるものではありませんから、オピニオンを添えないといけません。

だからこうなるんですね。

「5%というわずかな確率ですから、あまり気にすることはないでしょう。」

「4億円という大変おおきな金額ですね。すぐケアしないと危険ですよ。」

事実：Fact と意見：Opinion の組み合わせ

- "Fact" と"Opinion" を意識し、順序を設定する
  - この事実(Fact)からこう推測されます(Opinion)
  - この考え(Opinion)は、この事実に基づいています(Fact)
- 例)
  - 5% というわずかな確率ですから、気にすることはないでしょう
  - 4 億円という大変大きな金額で、これは重大なことだと言えます

（「4 億円という大変大きな金額で、」＝事実(Fact)　「これは重大なことだと言えます」＝意見(Opinion)）

- 第三者評価 / 客観的評価を入れる (評価の引用)

と、これがオピニオンを添えている例なんですね。

先ほど私が行なったフラッシュプレゼンテーション、ワンちゃんの大切な命。あの時はファクトが出てきたら必ずオピニオンを添えていました。気づきましたか？

「3万年前」と言った後、**「歴史がとても長いんですね」**と添えているんです。これがファクトとオピニオンと呼ばれるものです。これがプレゼンテーションのスライドを読み上げているだけだと、ファクトだけになってしまいます。上手な人はファクトとオピニオンです。池上彰さんも、ファクトとオピニオンをちゃんと言うんですが、彼はさらに上手です。だから、ファクトとオピニオンが入れ替わるんですね。オピニオンが先になる。池上彰さんの話し方を、ちょっとやってみましょうか。

「大変痛ましいつらい凄惨な事故が起こりました。インドで50人の方が亡くなったバスの死傷事故のニュースです。」

ファクトが後なんです。先に相手を惹きつける自分の感想、意見を言うんですね。これがオピニオンとファクトという非常に美しい話し方なんですね。ところがこれをやるのは非常に難しい。ファクトを知っているからオピニオンを添えるわけですから。まあ、池上式は上級者用ということで、まず最初はファクトとオピニオンという展開を意識してみてください。

前後の引用、他者あるいは全体の引用

引用というテクニックがあります。引用って何かというと、**他人や前後の話をもってくる**んですね。これは自己紹介のときのテクニックです。

たとえば。

「私は学生時代から水泳選手として活躍しました。」

言葉遣いのマジック“引用と比較”

■ 前後の引用、他者の引用

- 例）※前後の引用
  - ・私は学生時代から水泳選手として活躍してきました
  - ・**私も先ほどの人と同じように**学生時代から水泳で活躍しました
- 例）※他者・全体の引用
  - ・私は珍しく水球部に所属していました
  - ・私は**皆さんをはじめ多くの人が**経験のない珍しい水球部に所属でした
  - ・**前回からお伝えしておりますように**、今回も同じ話の続きです

■ 比較／引用

- 例）
  - ・私は大変正確なフリースローで得点力があります
  - ・私は大変正確なフリースローで**誰よりも**得点力があります

まあ、間違ってはいません。でもうまい人はちがうんです、引用するんです。

「私も、**先ほどの人と同じように、**学生時代から水泳選手として活躍しました。」

これが引用なんです。**自分の自己紹介なのに、他人の話が半分を占めている。**これが引用というテクニックです。でもこの話をすると、トップバッターは無理じゃん、と言われます。先に水泳選手がいるからこれ成り立つんでしょ、と。

だったら前後の引用じゃなくて、全体や他者の引用をします。

「**私はみなさんをはじめ、あまり多くの方が経験のない**水球部に所属し、活躍していました。」

これが全体の引用なんですね。いいですか。先に話した人が

言葉遣いのマジック“顧客名の引用”

■ 実際の相手の“顧客名”／“役職”を連呼する

■ 例）

- 御社のための提案をお持ちしました
  →○○商事様のための提案をお持ちしました
- 皆さまのお役に立つことと思います
  →○○部長のお役に立つことと思います
- 明日からこの作業を行なえるようにお願いします
  →明日から○○様にこの作業をしていただきたいのです

いなくても、他に同じ人がいなくても、引用できていますよね。自分の話にもかかわらず半分が他人の話、これが引用です。

なぜこうするといいのか。**一方的にならないから**です。押し売りにならない。全体の中で、みなさんもいる中で、わたしもいるんですよ、という話になるんですね。うまいひとはやっています。これが前後の引用あるいは、全体、他者の引用というテクニックです。

> さあ、みなさんもよくご存じかとは思います、今日の話題なんですけど……

……とかですね。そうすることによって引用できます。その引用の時に顧客名を引用すると、より相手に身近なものになるんですね。「先ほど、田中部長も申しましたように、今日お話する内容は非常に重要なんですよね」とかですね。お客さんの名前も引用しますと、非常に相手に響くプレゼンになります。

暗示効果

暗示効果というテクニックがあります。

「今日は大変わかりやすくプレゼンテーションのテクニックをご紹介しています。」

「今日ご紹介したテクニックはみなさんも理解できましたよね？」

そういわれると、「ん……？　まあ、そうかもね、理解できたかも……」という気がしてくるものなんですね。これが暗示効果です。こんなこと、わざわざ言ったほうがいいのか？　言ってください。「そんなこと言うなんて卑怯じゃん」なんて言う人もいますけど、これを言うには、上手にプレゼンをした人じゃないとやっぱり言えないんですよ。うまくなって、自信がついてくれれば言えるようになります。ぜひ、これが言えるくら

言葉遣いのマジック"暗示効果"

■「理解した」、「わかりやすかった」という暗示効果

- デモ／プレゼンテーション中に語りかける
  - ・「これで、わかりやすくなってきましたね？」
  - ・「だんだんわかってきましたよね？」
  - ・「おおよそ皆様も理解が深まってきたころと思いますが？」
- 最後に連呼する
  - ・「本日はわかりやすくお届けします」
  - ・「今回はわかりやすくお届けしました」
  - ・「非常に理解が深まったと思いますが、ここでまとめましょう」

い上手になってください。

絶対時間と相対時間

時間の言い方には2つの言い方があります。**絶対時間と相対時間です。**絶対時間というのはいつしゃべってもその時間になります。パワーポイントのスライドに書いてあるのは絶対時間ですよね。ところが時間の伝え方にはもうひとつあります。相対時間というものです。

みなさん思い出してください。私は今日、2013年と言ったらかならずこう付け加えていますよね。「2年前」と。2014年と言ったら必ず、1年前、昨年、と付け加えています。

たとえば2020年のオリンピック、パラリンピックがあります。これは、2020年、5年後のオリンピック、パラリンピック、なんですよ。

言葉遣いのマジック“相対時間”

- “絶対時間”と”相対時間”を織り交ぜる
- 絶対時間の例
  - 2016年3月、1998年7月
  - 11時30分
  - 明治11年
- 相対時間の例
  - あと数ヶ月後、もう少しすると、数年間
  - たった今、ただ今、現在

これが絶対時間と相対時間を添えるというテクニックです。

りんごのくだりを思い出してください。今年の秋、9月の上旬から下旬、1回目はそう言っています。2回目はちがうんですよ。「今年秋、**4カ月後くらい**の9月の上旬から下旬」と相対時間を添えているんですね。

池上彰さんも絶対時間と相対時間を並べるんですね。でも彼は絶対時間と相対時間をただ並べるだけではなくて、もう一段上なので、やはり入れ替えるんです。相対時間が先にくる。

「今から4年ほど前、2011年のバスの死傷事故のニュースです。」

みなさん、絶対時間と相対時間のテクニックは今からすぐ、使ってみてください。

これからちょっと友達と待ち合わせてお酒を飲みに行きますか？

「**じゃあ22時に神楽坂のふもとの交差点のところに集合ね！**」

これは絶対時間を言っている。これに相対時間を添えましょう。

「じゃあ22時に飲み会ね。神楽坂のふもとに、1時間後に集合ね！」

これが相対時間です。実は1時間後という言葉を使うことによって、1時間あるか。じゃあ、カフェで時間でもつぶしていこうかな。1時間あるならいったん家に帰れるな……こんな風に行動に変わります。**相対時間を追加することで、より相手に身近に感じてもらえ、行動を促すことできます。**これがテクニックなんですね。**絶対時間が、つまり時間の表現が出てきたら、チャンス！**と思ってください。相対時間を言うチャンスなんですね。

言葉を修飾する

スティーブ・ジョブズは言葉をドレスアップしなさい、と言いました。さまざまな意味があると思います。私はこんな風にとらえています。言葉を修飾する、というテクニックです。私はただ、みなさん、とは言わないんですね。

「大変お若いみなさん、
時間とお金という2つのコストを割いて今日ご参加いただいているみなさん、」

みなさんという言葉は単純な名詞なんですよ。単純な名詞を相手に投げる、これはプレゼンテーションではないです。名詞は必ず修飾してください。

「お忙しい中ご来場いただいている、みなさん」

言葉遣いのマジック"言葉の修飾"

■ 名詞にはかならず副詞・形容詞などで修飾を

- 例1）
  - ・皆さんは
  - ・**お忙しい中ご来場頂いている**皆さんは
  - ・**お忙しい中ご来場頂き、真剣に聞いている**皆さんは
- 例2）
  - ・こちらの靴は
  - ・こちらの**素敵な**靴は
  - ・こちらのさ**わやかな色合いの素敵な**靴は
- ただし、「もっと」、「すごい」、「とても」、「大変」ばかりを多用するのはあまり効果的ではない
- 「実は」、「本当は」、「ここだけの話ですが」の多用もあまり効果的ではないい

もっと修飾します。

［お忙しい中、ご来場いただき、真剣なまなざしでご覧になっていただいている、みなさん］

こちらの靴、って言ってはいけません。こちらの素敵な靴、と言ってください。物事を修飾してください。奥様が髪型を変えてきました。「え、どうしたのその髪型?」じゃだめですよ。「え、どうしたのその素敵な髪型?」と言ってくださいね。プレゼンテーションで言葉を修飾するというのは、すごく重要なんです。このテクニックも今すぐ使えます。ぜひ、使ってみてください。

みなさんは、相対時間を添えて友達と1時間後に待ち合わせしました。友達と居酒屋に入ります。メニューを見ていると店員が注文を取りに来ました。「とりあえず、ビール」って言わないでください。「とりあえず、すっきりとしたのど越しのビール」って言ってください。そんなことできないって？　たしかに。だったら、わたしたちはやらなくてもいいんです。お店がやってくれます。お店のメニューを見てください。今、サラダなんておいてないんですよ。「有機野菜のグリーンサラダ」があるんです。スープなんておいてないんです。「野菜たっぷりゴロゴロスープ」があるんです。有機野菜のグリーンだから、食べたいんです。野菜たっぷりゴロゴロだから、ちょっと注文しようかとなるんです。

つまりどういうことかというと、**言葉に修飾をつけることによって行動が生まれるんです。**レストランのメニューは言葉の修飾＝行動を促す例の最たるものです。だから修飾って大事なんです。１回目のりんごのプレゼンテーションと2回目のりんごのプレゼンテーション、決定的な違いがあるんですね。１回目はりんごって言っているんです。2回目は**おいしいりんご**って言っているんです。だから2回目のほうがなんとなくおいしく聞こえる。だっておいしいって言っているので。これがテクニックなんです。１回目はおいしいと言っていないんです。こういうことによってプレゼンテーションはより魅力的になっていくわけなんです。

語尾のテクニック

さて、プレゼンテーションの語尾の話にいきましょう。プレゼンテーションの語尾のテクニックが3つあります。**体言止め、質問と回答、魅力の語尾。**体言止めはわかりますよね。体言でピシッと止める。

「我々はこうやって危険性を指摘してきたのです。」

……じゃないんです。

「我々が行なってきたのはとても重要なことです、そう、**危険性の指摘。**」

質問と回答。これは相手を巻き込むのにおすすめのテクニックです。自分で質問をして、自分で回答する。あまり間をおかずに答えてください。

「我々が行なってきたのは何だと思いますか？
そう、危険性の指摘なんです。」

……とか、

「我々が危険性の指摘を行ってきたか？
その答えはＹｅｓです。」

これが質問と回答です。会場とのインタラクティブ性を高めることができますのでぜひ試してみてください。りんごのくだりを思い出してください。

「みなさん、新しいりんごはどうやって生みだされるかご存じですか？　交配するんですね。私たちが交配したのは、」

「アカネとガラ。そして生まれたのがさんさ。大変おいしいりんごができました。」

質問と回答、体言止めが使われていますね。

さあ、一番最後の魅力の語尾です。これは少しむずかしいかもしれません。魅力的な言葉を最後に持ってくるという話法です。魅力的な言葉って何かと言うと修飾です。

「我々は行なってきたのは、素早く、完璧な危険性の指摘でした。」

これが普通のしゃべり方です。この「素早く」と「完璧な」が魅力なのでそれを最後に持ってくるんですね。これは日本語の文法だと難しいということもあり、慣れないとできない。

「我々は危険性の指摘をしてきました、どこよりも**素早く。完璧に。**」

言葉遣いのマジック“3つの語尾活用法”

■ 語尾は重要

■ 時には変化のある語尾を活用する

▩ 体言止め

・「我々はこうやって危険性を指摘してきたのです」

・「我々が行ってきたのはとても重要なことです、そう、危険性の指摘」

▩ 質問と回答

・「我々はこうやって危険性を指摘してきたのです」

・「我々が行ってきたのは何だったと思いますか？、そう、危険性の指摘」

・「危険性の指摘を行ってきたのは？、そう我々なんです」

・「我々が危険性の指摘を行ってきたかどうか、その答えは、Yes です」

▩ 魅力の語尾

・「我々が行ってきたのは素早く完璧な危険性の指摘です」

・「我々が行ってきた危険性の指摘、とても素早いものでした」

・「我々は危険性の指摘をしました、しかも、素早く、そして完璧な」

こうすることによって、**素早く完璧ということだけが頭に残る**んですね。

1回目のりんごのプレゼンでは、「サクサクとした歯ごたえ」と言っています。2回目は「歯ごたえはサクサク」と言っているんですね。実は擬音語や擬態語というのは魅力的な表現のひとつなんです。1回目は「たっぷりの果汁」と言っています。2回目は「果汁はたっぷり」です。「すっきりとした味わい」ではなく「味わいはすっきり」です。「さわやかな香り」ではなく「香りはさわやか」。だから、たっぷり、サクサク、さわやか、すっきり……2回目はみんな語尾に持ってきているんです。そうすることで、素敵な擬音語擬態語が頭に残るというわけです。

ちょっと難しいですけど、最初に修飾をするということを学んでください。

プレゼンテーションでやってはいけないこと

プレゼンテーションというのは、みなさんが持っている能力や個性を生かして、磨いていくものです。なので、私は「これをやってはだめ」「あれをやってはだめ」「これはやめましょう」といったことはあまり言わないことにしています。口癖？いいじゃないですか。ある程度は個性ということでいいと思っています。ただ、これだけはやってはいけないと言っていることがあります。それは、「はいっ」っていう相槌です。どういうときに出るかわかりますか？スライドが変わるときです。

「**はいっ。**えー、こちらでございますが……」

ってやつですね。スライドが切り替わるたびに「はいっ」っていうんですね。

なぜ「はいっ」と言ってしまうのか？

スライドが切り替わって、「はいっ、こちらの説明をしますよ」の「はいっ」なんですね。だからなくす方法はひとつしか

一般的に指摘される注意事項

■ 日本人に多い"よくない間"

- 「えー」、「あー」といった口調（ある程度は許される）
- 「本当は」という修飾（ある程度は許される）
- **単語の後の母音強調**
- **「はいっ」という言葉のステップ**→ PowerPoint 使用時に多い

■ 口調のクセを見つける→なおす方法

- クセはさらに強調すれば個性になる
- 見つける方法
  - ・自分のプレゼンテーションを書き起こしてみる
  - ・クセをわざと入れてみる

ないんです。スライドが先じゃないんです。しゃべり先行にするんです。自分が話しはじめて、ほんの少し遅れてスライドが表示されるんです。

プレゼンテーションは自分がリードしているんです。決してパワーポイントがリードしているわけではないんです。

みなさん、わんちゃんの大切な命のフラッシュプレゼンテーションを思い出してください。私が話し始めて、ほんの少し遅れてスライドが表示されていましたよね。これが非常にいいタイミングなんです。

スライドが先だと私も「はいっ」って言ってしまいますし、みなさんも見ちゃいますよね。なんだよ、画面に書いてあることと読み上げてるだけじゃんって。こうなってしまっては、西脇の話を聞こう、ということにはならないわけです。

PowerPoint のスライドを送る前にしゃべる

- PowerPoint の次のスライドが表示されるよりも、（1秒から2秒ほど）しゃべりが先行
- **プレゼンテーションは自分がリードしている（PowerPoint がリードしているのではない）**

パワーポイントの機能を使いこなす

というわけで、プレゼンテーションはしゃべり先行で行なってください。

……ということは、最低限、**次のスライドがどういうものであるかを知っていなければならない**ですよね。スライドの順番を全部覚えるなんてできないですか？ そのために、パワーポイントには発表者ツールという機能があります。

会場で表示されているスライドは1枚ですよね。でも発表者のパソコンには前後、複数枚のスライドが表示されるという機能です。これが発表者ツールです。だから次のスライドが何であるかわかるし、時間がなかったらスライドを飛ばすことも考えながら進めることができますね。こんな便利な機能がありますから、しゃべり先行ができます。こういう機能をしっかり使いこなしてください。

“次のスライド”に関するテクニック

- やはり手元に印刷したもの準備する
- PowerPoint の発表者ツールを利用する
- 大規模なイベントでは
  - プロンプター
  - 返しモニター
  - カンペ

それ以外にもいろいろ便利な機能があります。たとえば、パワーポイントを再生中にBキーを押すとどうなるか、ご存じですか？　ブラックアウトです。スライドが真っ黒になります。暗くなるんですね。そうすると、発表者に一気に注目が集まります。視点誘導です。仮にスライドにたくさんの情報が表示されていると、そっちを見ますよね。視点誘導のためにBキーはあるんです。ところが真っ暗な部屋でセミナーをしているときにBキーを押すと何も見えなくなります（笑）。だからブラックアウトじゃないんですよ、ホワイトアウトなんです。Wキーを押すと真っ白になります。いずれも、もう1回押すと元に戻ります。こんな風にしてパワーポイントの機能をうまく使っていただきたいと思います。

緊張をやわらげるテクニック

なぜ緊張するのか？　話を聞いていない人を見てしまうからです。寝ている人、首をかしげている人、舌打ちをする人、途

PowerPoint の機能を知り尽くす

- “B”キー
- ページ送りキー

- より重要度（あるいは規模）が増すときには
  - 発表者ツール
  - スクリプター

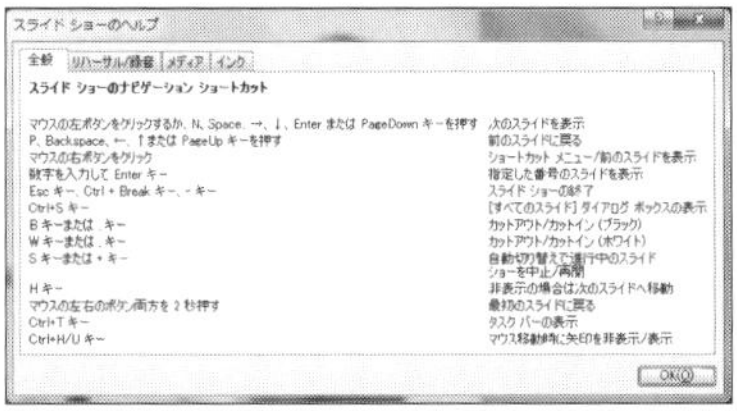

中で退席するひと、資料を先にめくってみている人……そういう人を見ると、不安が緊張を呼びます。プロの芸人や司会者、話す専門家がみんな使っているテクニックを紹介します。

プレゼンテーションはペースメーカーを見つけること。

話を聞いていない人を見ちゃダメなんです。笑っていない人なんか見ないんです。大笑いしている人を見るんですね。私はいつもペースメーカーをすぐに見つけます。ペースメーカーは私の話に大変うなずいてくれる方です。その人がうなずくのをときどき見ながら安心してプレゼンを進めるわけです。これが大切なペースメーカーの存在です。プレゼンテーションはペースメーカーによって、安定したものになります。ごくまれに、大切なペースメーカーが寝てしまうことがあり（笑）、これはたいへんつらいのですが、ペースメーカーは途中で代えても構いません。

緊張とは「不安に対する考えごと」である

■ プレゼンテーション中に発生する緊張のメカニズム

①プレゼンテーション中に聞いていない、関心のない人がいる
②その関心のない人が目に入る
③「なぜ、聞いていないのだろう？」と不安になる
④不安に対する考えと迷いが、伝えたいという気持ちを超える
⑤伝えたいという気持ちが弱まる
⑥伝わらない

説明から表現へ

さて、いよいよ最後です。「エバンジェリスト養成講座」では、私が実践しているいくつかのテクニックを皆さんにご紹介しました。誰にでもできます。私が特別な能力を持っているわけではなりません。プレゼンは、相手に説明をして、それを伝え、相手を動かすのがゴールです。ですから、たんに説明をする、伝えるだけでなく、相手を動かすためにいかに上手に表現をするのか、そういう高見まで到達していただければ幸いです。

この講座で私は、プレゼンというものがいかに難しくて、おもしろくて、奥深いかということを表現してきました。お話しした内容は全部ストーリーになっています。どうか、繰り返して読んでみてください。声に出して読んでみてください。ご紹介したテクニックを実践してみてください。

以上で講座は終わりになります。たいへんみなさん理解が深まったことと思います。

プレゼンテーションの秘訣

■ ペースメーカーを見つける

デモ・プレゼンテーションは緊張するものです。

私の場合は必ずと言っていいほど、会場でペースメーカーを見つけます。

多くの場合女性です（理由：女性やシニアの方のほうが"うなずく"行為を良くする）。

このペースメーカーに話しかけるようにデモ・プレゼンテーションを続けるのです。ただし、ペースメーカーは途中で変えてもかまいません。

あとがき

本書は2010年より定期的に開催しているエバンジェリスト養成講座を書籍用にまとめたものである。実はすでに『エバンジェリスト養成講座　究極のプレゼンハック100』という書籍が2011年9月に刊行されており、この『新エバンジェリスト養成講座』は既刊の新バージョンといったところだろうか。

2010年12月末、初めてエバンジェリスト養成講座を行なった。2回行なったところで、それが書籍化された。もともと、本を作るために企画された講座だったらしい。僕は長い間、講座がおもしろいから書籍化されたのかと勘違いしていたのだが、エバンジェリスト養成講座は書籍ができたところでやめるつもりだったらしい。

ところが、エバンジェリスト養成講座はとても人気があった。毎回受付開始とともに、あっというまに満席になってしまった。キャンセル待ちの人が何人も出てきた。「次はいつ開催されるのですか？」という問い合わせが、翔泳社や、僕個人にまで寄せられるようになった。

以来、僕はずっとエバンジェリスト養成講座を続けている。さらに、エバンジェリスト養成講座をベースとしたプレゼン講座を加えると、その受講者は3万人を超えている。

現在、僕は年間250回の講演をこなしている。エバンジェリスト養成講座は、企業研修、新入社員研修、官公庁、国会議員、起業家、大学生、高校生、中学生、なんと小学生にまで展開していった。

あちこちに出向いてエバンジェリスト養成講座を行なっているおかげで、研修そのものの仕組みを知ることにもなった。企業や組織がどうやって人を育ててゆくのかを目の当たりにすることができて、日々、とても刺激的でワクワクする体験をさせていただいている。

この5年の間で、エバンジェリスト養成講座の内容も大きく変わった。プレゼンテーションのトレンドは日々変わるものだし、僕の考え方も変わる。講座の内容が変わっていくは当然のことだ。

というわけで、本書は既刊の『エバンジェリスト養成講座』

とはだいぶ違った仕上がりになっている。

大きく2つの視点で変更をかけている。まずは、より重要で、より即効性があるものにフォーカスするようになった。エバンジェリスト養成講座の持ち時間は、基本的には2時間だ。120分という限られた時間の中で、受講者のみなさんが確実に手ごたえを感じることができるもの、すぐに持ちかえることができるもの、そしてなにより「プレゼンがうまくなった！」という実感をすぐに与えられるテクニックをより磨いてゆく一方、結果が出るまである程度の努力と時間が必要なテクニックについては省いたものもある。

もう一つはスライド作成の部分だ。スライドの作り方については、この5年の間に、いろいろな試行錯誤があった。もともとプレゼンテーションにおいて、スライド、つまり資料作成の占める割合は僕の中ではあまり多くなかった。それでも、やはり続けていくうちに「パワーポイントの使い方をもっと教えてください」という要望がたくさん寄せられるようになり、講座の中に占める割合をどんどん増やしていった。パワーポイントの使い方、効果的なスライド作成について、僕もノウハウがないわけではない。むしろたくさんある。でも、ある時点で気が付いた。

やはり資料の作り方を教えるのは自分の仕事ではない。資料作成のためのセミナーは他でもやっているし、本だってたくさん出ている。僕が伝えたいプレゼンのテクニックはパワーポイントの使い方ではないのだ。

あらためてそのことに気づき、最近ではまた、スライド作成のテクニックについての要素を減らしている。より精査し、スライドを効率的に作るための最小限のノウハウだけに絞った。もっとも、パワポ講座の需要があることも承知している。だから、本書ではスライドの作り方について、前の本よりはいくらか多く触れられているし、それは少なからずみなさんのお役にも立てることと思う。しかし、それはあくまでおまけのようなものと思ってほしい。

資料作成というのは、プレゼンの本質ではないのにもかかわらず、「作業した」という手ごたえを感じやすいので、ついついスライドづくりに力を注ぎがちだ。しかし、この本を読んでくださったみなさんならわかってもらえると思うが、よいスライドができたからといってよいプレゼンができるわけではない。そんなことを心に留めながら、この本を読んでいただけるとありがたい。

エバンジェリスト養成講座で使われている僕のスライドは、1枚1枚、いつも微調整を加えており、すべてのバージョンを保存している。それらは常に吟味され、改良を加えられている。途中で削除する内容もあれば、それがまた復活することもある。この書籍に書いてあることは、現時点で僕のベストの内容であることを約束するが、プレゼンは日々、変わっていくものなので、スライドも、講座の内容も、教えるテクニックも変化していくだろう。

最後に謝辞をいくつか。

エバンジェリスト養成講座が生まれ、成長してゆくには多くの人の協力がありました。僕が日本オラクルにいたとき、本業の助けになるとはいえ、厳密に言えば本業ではないプレゼンテーションそのものを研鑽することを受け入れ、理解してくれた新宅正明さん、三澤智光さん。身内で行なっていた勉強会を、もっとダイナミックに展開することを後押ししてくださった山元賢治さん。そして日本マイクロソフトに移った僕にたくさんのチャンスを与えてくれた樋口泰行さん。

この本を作るにあたって、素敵な装丁とデザインを担当してくださったアジールの佐藤直樹さん、菊地昌隆さん。あちこちにガタがきている中年のおじさんを可能な限り見栄えよく仕上げてくれたヘアメイクの浦杉美和了さん、奇跡の1枚を何枚も撮影してくださったフォトグラファーの宇壽山貴久子さんにも感謝したいと思います。そして、ずっとエバンジェリスト養成講座に付き合ってくださっている翔泳社の小泉真由子さん、本当にありがとうございました。

そして何よりこの5年間、エバンジェリスト養成講座に参加してくださった来場者のみなさんに、心から感謝します。

2015年8月13日
お盆休みでひっそりとしている都内のカフェにて

本書内容に関するお問い合わせについて

このたびは翔泳社の書籍をお買い上げいただき、誠にありがとうございます。弊社では、読者の皆様からのお問い合わせに適切に対応させていただくため、以下のガイドラインへのご協力をお願い致しております。下記項目をお読みいただき、手順に従ってお問い合わせください。

●ご質問される前に

弊社Webサイトの「正誤表」をご参照ください。これまでに判明した正誤や追加情報を掲載しています。

正誤表　http://www.shoeisha.co.jp/book/errata/

●ご質問方法

弊社Webサイトの「刊行物Q&A」をご利用ください。

刊行物Q&A　http://www.shoeisha.co.jp/book/qa/

インターネットをご利用でない場合は、FAXまたは郵便にて、下記“翔泳社 愛読者サービスセンター”までお問い合わせください。
電話でのご質問は、お受けしておりません。

●回答について

回答は、ご質問いただいた手段によってご返事申し上げます。ご質問の内容によっては、回答に数日ないしはそれ以上の期間を要する場合があります。

●ご質問に際してのご注意

本書の対象を越えるもの、記述個所を特定されないもの、また読者固有の環境に起因するご質問等にはお答えできませんので、予めご了承ください。

●郵便物送付先およびFAX番号

送付先住所　〒160-0006　東京都新宿区舟町5
FAX番号　03-5362-3818
宛先　（株）翔泳社 愛読者サービスセンター

西脇資哲（にしわき・もとあき）

日本マイクロソフト株式会社　業務執行役員／エバンジェリスト

1969年8月18日生まれ、岐阜県出身。OS／2モジュールの開発や、MS-DOS／Windowsでの業務アプリケーションソフト開発業務、ISPの立ち上げなどを経験した後、96年に日本オラクルに入社。プロダクトマーケティング業務やエバンジェリストを担当。12年間在籍した後、09年12月にマイクロソフトへ移籍。マイクロソフト製品すべてを扱うエバンジェリストとして活躍。2014年より現職。基本的にインターネット関連製品に軸足を置き、マイクロソフトだけでなく、さまざまなテクノロジーに精通している。IT業界屈指のカリスマプレゼンター／デモンストレーターでもある。著書に『エバンジェリスト養成講座』（翔泳社）、『エバンジェリストの仕事術』（日本実業出版社）、『プレゼンは「目線」で決まる』（ダイヤモンド社）がある。

新エバンジェリスト養成講座

2015年10月13日　初版第1刷発行
2019年10月　5日　初版第5刷発行

著者：西脇資哲
発行人：佐々木幹夫
発行所：株式会社　翔泳社（https://www.shoeisha.co.jp）
印刷・製本：凸版印刷株式会社
組版・装幀：Asyl（佐藤直樹＋菊地昌隆）

本書へのお問い合わせについては164ページに記載の内容をお読みください。
造本には細心の注意を払っておりますが、万一、落丁（ページの抜け）や乱丁（ページの順序違い）がございましたら、お取り替えいたします。03-5362-3705 までご連絡ください。

ISBN978-4-7981-4299-9　Printed in Japan